事业单位人力资源管理效能提升策略探究

王登英◎著

经济日报出版社
北京

图书在版编目 (CIP) 数据

事业单位人力资源管理效能提升策略探究 / 王登英著. -- 北京 : 经济日报出版社 , 2025. 6.
ISBN 978-7-5196-1578-9

Ⅰ. D630.3

中国国家版本馆 CIP 数据核字第 2025Z0N572 号

事业单位人力资源管理效能提升策略探究

SHIYE DANWEI RENLI ZIYUAN GUANLI XIAONENG TISHENG CELÜE TANJIU

王登英　著

出版发行： 经济日报出版社
地　　址： 北京市西城区白纸坊东街 2 号院 6 号楼
邮　　编： 100054
经　　销： 全国各地新华书店
印　　刷： 武汉怡皓佳印务有限公司
开　　本： 710mm × 1000mm　1/16
印　　张： 12
字　　数： 190 千字
版　　次： 2025 年 6 月第 1 版
印　　次： 2025 年 6 月第 1 次印刷
定　　价： 72.00 元

本社网址：www. edpbook. com. cn，微信公众号：经济日报出版社

请选用正版图书，采购、销售盗版图书属违法行为

本书如有印装质量问题，由我社事业发展中心负责调换，联系电话：(010) 63538621

前　言

在当今快速变化的商业环境中，人力资源管理（HRM）的角色已经从传统的行政管理职能转变为战略合作伙伴，且对组织的成功至关重要。事业单位作为国家和社会服务的重要组成部分，其人力资源管理效能直接关系到组织目标的实现和长远发展。本书旨在为事业单位提供一套系统、全面的人力资源管理效能提升框架，助力其在招聘、培训、绩效评估、员工关系和薪酬福利管理等方面实现优化，从而全面提升组织效能。

本书不仅深入探讨了人力资源管理的核心价值与多维视角，还详细剖析了事业单位在提升人力资源管理效能过程中所面临的独特挑战与应对策略。通过引入前沿的人力资本理论和战略人力资源管理理论，为事业单位提供了科学的理论指导和实践指南。同时，本书强调了持续改进和创新的重要性，鼓励事业单位在人力资源管理中不断探索新方法、新技术，以适应不断变化的外部环境和内部需求。

我写作的初衷是希望事业单位通过系统地应用本书中的策略和工具可以更加高效、精准地配置人力资源，激发员工的潜能和创造力，从而提升整体组织效能。这不仅有助于事业单位更好地履行社会服务使命，还能在激烈的市场竞争中保持优势，实现可持续发展。

王登英
2025 年 5 月

目录

第一章　人力资源管理效能：核心价值与多维视角

第一节　人力资源管理效能的内涵、外延与关键价值剖析

一、人力资源管理效能的内涵

人力资源管理效能，从本质上讲，是指组织在人力资源管理活动中所达成的成果与投入资源之间的比例关系，旨在实现对组织内部人力资源资产的最优化配置、高效利用以及全面开发。它不仅关注人力资源管理职能的执行效率，更着眼于这些职能对组织整体绩效产生的实质性影响。例如，在人员招聘环节，效能高的招聘不仅仅是快速填补岗位空缺，而且精准地识别并吸引与组织战略目标和文化相契合的人才，确保新员工能够迅速融入并为组织创造价值。在员工培训与发展方面，效能体现为根据员工的岗位需求和职业规划，提供针对性强、实用性高的培训课程和发展机会，使员工的技能和知识水平得到有效提升，进而提升其工作绩效并为组织的长期发展奠定基础。

二、人力资源管理效能的外延

人力资源管理效能的外延较为广泛，其对组织文化、创新能力等方面有着深刻的潜在影响。在组织文化方面，有效的人力资源管理能够通过员工的选拔、激励机制以及价值观的传递，塑造积极向上、富有凝聚力的组织文化。例如，一家强调创新和团队合作的企业，在招聘过程中会倾向于选拔具有创新思维和良好团队协作精神的人才，并通过奖励制度鼓励员工提出新的想法和解决方案，从而在组织内部逐渐形成创新和合作的文化氛围。在创新能力方面，人力资源管理效能通过合理的人才配置和激励措施，激发员工的创新

潜力。比如，谷歌公司为员工提供宽松的工作环境、充足的资源以及鼓励冒险和尝试的文化氛围，员工能够自由地探索新的技术和业务模式，从而极大地提升了公司的创新能力，使其在科技领域始终保持领先地位。

第二节　事业单位人力资源管理效能的独特体现与效能提升面临的挑战

一、事业单位人力资源管理效能的独特体现

事业单位人力资源管理效能的独特性，主要体现在其服务社会的使命导向对人员素质要求的独特性以及稳定性与灵活性兼顾的用人需求上。作为以公益服务为主要宗旨的组织，事业单位的工作人员不仅要具备扎实的专业知识和技能，更要拥有强烈的社会责任感和服务意识，以满足社会特定需求。这与企业以追求经济效益为主要目标的人力资源管理有着显著区别。据调查，事业单位岗位招聘中对社会责任感和服务精神相关素养的要求比例远高于企业。同时，事业单位既要确保人员的稳定性，以维持公共服务的连续性和稳定性，又要在面对社会需求和政策环境的变化时展现出灵活性。例如，博物馆的文物保护专家需要长期稳定在岗以保障文物修复和研究工作的连续性，而图书馆则需在传统服务基础上引进新媒体运营、数字化技术等方面的人才来适应数字化时代的阅读需求。

二、事业单位在提升效能过程中面临的特殊挑战

事业单位在提升效能过程中面临着特殊的挑战，其中行政体制约束和绩效考核的复杂性是两大核心难题。行政体制管理方面，严格的行政编制限制不仅阻碍了优秀人才的引进，导致基层事业单位在人才需求迫切时只能通过非正式渠道解决人才缺口问题，影响了人员素质的稳定性和工作连贯性；而且行政化的晋升体系过于侧重资历和行政级别，忽视了员工实际工作绩效和专业能力提升，调研显示，这种晋升机制在一定程度上挫伤了员工的工作积极

性和创新动力，对人力资源管理效能的提升构成了障碍。

在绩效考核方面，事业单位的工作成果往往难以量化评估，且员工工作内容多样性和综合性强，使得绩效评估标准难以统一设定；加之部分员工受“铁饭碗”思想影响，对绩效考核重视不足，导致考核过程流于形式，调查显示，约 30% 的员工认为绩效考核缺乏实质性影响，这严重削弱了绩效考核应有的激励和导向作用，进一步加剧了事业单位在提升人力资源管理效能方面的挑战。

第三节　效能提升的前沿理论支撑与深远实践意义

一、人力资源管理效能提升的前沿理论

人力资源管理效能的提升离不开前沿理论的指导，其中人力资本理论的新发展与战略人力资源管理理论的深化应用尤为关键。人力资本理论如今更加强调异质性与动态性，不仅关注员工的专业知识存量，还重视其知识更新能力、创新思维及跨学科知识整合能力，这种多维度的考量使事业单位能更精准地管理人才，以适应快速变化的社会和科技需求。同时，战略人力资源管理理论深化应用，注重人力资源战略与组织内外部环境的动态匹配，从全球化、社会需求变化、技术革新等外部因素出发，及时调整人力资源战略，并在内部强调招聘、培训、绩效考核与薪酬激励等环节的协同性，确保所有活动都服务于组织战略目标。据调查，成功实施战略人力资源管理的事业单位，其战略目标达成率平均高出未实施该理论的同类型事业单位约 35%，充分展示了前沿理论在提升人力资源管理效能方面的重要作用。

二、前沿理论对事业单位效能提升的支撑

前沿理论为事业单位效能提升提供了坚实的支撑。基于人力资本理论的新发展，事业单位能够构建科学合理的人才选拔与培养体系，通过多元化测评工具全面考察候选人的知识更新潜力、创新能力和跨学科素养，确保选拔

出高潜力人才，并通过个性化培训计划提升员工综合素养，进而提高单位整体效能。例如，某文化事业单位通过创意方案设计的考核环节成功筛选出具有创新思维的人才，而某卫生事业单位则通过组织跨领域学习和学术交流活动提升了医护人员的专业技能和服务水平。

同时，战略人力资源管理理论的深化应用使事业单位能够明确自身在社会服务体系中的定位，并据此制定人力资源战略规划，如教育资源不均衡地区的教育事业单位可将人力资源重点投向师资队伍建设。此外，该理论还强调人力资源管理活动的协同性，通过将员工工作绩效与组织战略目标分解后的关键绩效指标挂钩，激励员工积极改进工作，提升服务质量。

第二章　基于效能的人力资源规划与战略融合

第一节　以效能为导向的人力资源规划流程再造与方法创新

一、传统人力资源规划流程之效能审视：困局与根源

传统人力资源规划流程在效能审视下暴露出诸多困局，其根源在于各环节与战略效能需求的脱节。在战略解读与人力关联环节，传统模式仅对组织战略进行宽泛解读，未深入剖析战略举措背后的人力效能需求，导致规划与战略需求产生偏差，如跨国企业因战略与人力效能关联不精准导致海外市场业务启动延迟及效能转化率低于预期。人力存量清查环节则侧重于显性特征统计，忽视了员工的隐性能力及其与岗位效能要求的契合度，造成企业在生产效率提升时无法准确判断人员效能潜力，可能引发资源浪费。在人力需求预估环节，传统方法依赖历史数据和主观经验，难以适应快速变化的市场环境和业务创新需求，如新兴电商企业因预估方法缺陷导致客服人员短缺，影响客户体验和业务效能。人力供给规划环节在招聘、培训和内部调配等方面缺乏与效能需求的精准对接，如招聘时忽视特殊能力和素质，培训缺乏针对性和前瞻性，调配缺少评估适应性和提升潜力，导致新员工入职后效能不达标，调配员工适应期长且效率下降。这些困局的根本原因在于传统人力资源规划流程未能有效对接组织战略效能需求，亟须进行改革与创新。

二、效能导向的人力资源规划新范式：创新与突破

效能导向的人力资源规划新范式带来了创新与突破，其核心在于深度剖

析战略效能需求与人力资源的精准对接。首先，新流程起始于战略效能深度剖析与人力需求映射环节，通过系统战略分析工具将组织战略目标细化为可量化、可操作的效能指标，并依据这些指标精准确定所需人力资源的数量、质量、专业结构与区域分布，实现了战略与人力效能需求的深度契合。其次，多维度人力数据整合与效能评估环节采用全面数据采集与整合策略，构建大数据分析平台，对现有人力资源进行深度效能评估，精准定位员工效能优势与不足，为个性化人力资源开发与供给提供科学依据。最后，动态环境适应性人力需求预测环节构建具备动态环境适应性的人力需求预测模型，引入实时数据更新机制，及时捕捉内外部因素对人力资源需求的影响，动态调整岗位人才需求预测，并提供多种人力资源供给策略的成本效益分析。这一新范式相较于传统人力资源规划流程，极大地提升了人力资源管理的精准性、有效性和动态适应性，确保事业单位在复杂多变的环境中始终维持人力资源的高效配置与利用，有效解决了传统规划中存在的战略与人力脱节、效能评估不精准以及需求预测响应迟缓等问题。

第二节　人力资源战略规划与组织战略深度整合对效能的影响

一、组织战略内涵及其对人力资源规划的独特诉求

组织战略对人力资源规划提出了独特的诉求，不同战略导向下的人力资源规划各有侧重。在扩张战略中，事业单位如科技馆通过业务范围拓展、服务区域扩大和职能深化来实现战略目标，这对人力资源规划提出了急剧增加的人才数量需求、跨领域知识和创新能力的质量要求以及加快招聘和调配速度的需求。人力资源部门需拓宽招募渠道，加强与高校合作，吸引有经验的人才，并确保新员工能快速融入并推动业务扩张。而在稳定战略下，事业单位如市级图书馆则侧重于人员结构优化、员工技能提升和员工稳定性维护。通过内部岗位调整和培训转岗，实现人员结构的合理化，提高运营效率并降低人力成本；同时，制定长期的技能提升计划，与国际知名机构合作，提升员

工的专业性和精细化技能；此外，提供良好的职业发展空间、薪酬待遇和工作氛围，以维护员工的稳定性，确保服务质量和工作的连贯性。两种战略导向下的人力资源规划均紧密围绕组织战略内涵，精准对接战略需求，为事业单位的发展提供有力的人力资源支撑。

二、人力资源战略与组织战略整合的实践举措与效能转化

在事业单位的战略发展中，人力资源战略与组织战略的整合至关重要。扩张战略下，事业单位通过人员结构的动态调整，如某文化艺术中心新增艺术培训教师、文化创意产品设计师等岗位，以适应业务多元化需求，这种调整显著提升了服务效能和经济效益。同时，构建多元人才培养体系，如某科研院所与企业合作培养技术转化能力，提升了科技成果转化率。此外，通过设立创新奖、提供培训机会等方式激发员工积极性，虽然初期人力成本上升，但随着业务成熟，人力成本占比逐渐合理，实现了高效益运营。

而在稳定战略下，事业单位注重人员结构的精细化优化，如某水利工程管理单位通过引入自动化系统减少了巡查人员，将其转岗至更具技术含量的岗位，提高了管理效率。同时，深度技能培养与知识传承机制如某历史文化研究院的学术研究传承，保持了研究团队的领先地位。员工稳定性保障与人力成本有效管控也是稳定战略的重点，如某社会福利院通过完善的员工关怀体系与职业发展体系，提高了员工在职年限，降低了人力资源成本，提升了整体运营效能。综上所述，人力资源战略与组织战略的紧密整合，无论是扩张还是稳定战略下，都能有效推动事业单位的持续发展，实现效能的显著提升。

第三节 人才需求预测与供给分析在效能提升中的作用机制

一、人才需求预测方法、精准洞察与效能驱动

比率分析法在事业单位中是依据特定业务指标与人员需求之间的稳定比例关系开展人才需求预测，并且充分结合事业单位自身的业务特性与运行

规律。

以一所高等院校为例，在确定比率关系时，需全面考量教学、科研、学生管理等多方面工作。对于教师数量的确定，根据不同学科专业的教学工作量（如理论课程学时数、实践课程学时数、实验课程组数等）以及学生与教师的合理配比来确定比率。例如，某理工科专业，每学年理论课程总学时为600学时，实践课程总学时为300学时，按照每个教师每学年承担300学时的教学任务计算，同时考虑到实验课程的指导需求，每20名学生配备1名实验指导教师，综合确定该专业每30名学生需配备1名主讲教师和1名实验辅助教师。对于科研人员，依据学校每年的科研项目立项数量、项目级别与规模、科研经费投入等确定比率。例如，学校每年获批10个国家级重大科研项目，每个项目平均需要15名核心科研人员参与，同时考虑到基础研究与应用研究的平衡以及科研团队的梯队建设，确定科研人员与教师的比例为1∶5。

在人才需求预测过程中，当学校计划扩大招生规模，如某热门专业招生人数增加100人时，依据学生与教师的比率关系计算出需新增3~4名教师；若学校计划加大科研投入，新增5个国家级科研项目，则可计算出需新增75名核心科研人员。

比率分析法对高校效能提升的作用在教学与科研的有序开展方面体现得淋漓尽致。在某高校的新专业建设与科研提升同步推进项目中，通过比率分析精准确定了各环节所需人员数量与结构。新专业在开设后的第一学年教学评估中就达到了良好等级，学生的专业满意度达到92%，较以往新开专业的初期表现提升了20个百分点。科研项目在实施过程中进展顺利，多项科研成果提前转化应用，学校的科研竞争力指标在国内高校排名中提升了10位，有效提升了学校的整体办学质量与社会影响力，增强了学校在高等教育领域的核心竞争力与可持续发展能力。

二、人才供给分析：多元路径与效能优化

（一）内部供给来源

1. 员工晋升

员工晋升在事业单位内部人才培育与供给体系里极为关键，其流程有着

严谨的设计并兼顾员工成长与单位职能履行的需求。

以一家大型综合性图书馆为例，其员工晋升流程从年度综合评估与专业能力测评开启。综合评估包含多方面内容，像日常工作任务完成情况（如文献整理的准确性与效率、读者服务的满意度调查结果、活动组织的参与人数与效果反馈）、专业知识储备与提升（通过内部业务知识考核、参加专业培训课程的表现、获取相关专业资质证书等考量）、团队协作与沟通能力（同事互评、部门内合作项目的贡献度）等。专业能力测评则采用专家评审与实际业务操作考核相结合的方式，针对不同岗位的核心技能进行评估，如对于参考咨询岗位会考核信息检索与分析能力、知识解答的准确性与深度；对于图书采编岗位则考察文献分类与编目技能、对出版行业动态的了解等。

基于这些评估与测评结果，图书馆构建起分层级、分部门的人才晋升储备库。在读者服务部门，针对助理馆员、馆员、副研究馆员等不同层级分别建立数据库。例如，连续三年在综合评估中处于前 15% 且专业能力测评成绩优异的助理馆员，会被纳入馆员晋升储备库，并为其规划个性化职业发展路径，包括参与高级别读者服务项目策划、接受资深馆员的一对一指导、到其他先进图书馆交流学习等。

当有馆员职位空缺时，图书馆便启动内部竞聘程序。竞聘环节包括提交个人工作成果总结与未来服务规划方案、进行业务案例分析与解决方案阐述（模拟复杂读者需求场景，要求候选人在规定时间内给出有效应对策略）、接受由图书馆领导班子、业务骨干、读者代表组成的评审小组面试等步骤。

员工晋升对效能提升有着诸多积极影响。晋升后的员工因对图书馆的馆藏资源分布、读者群体特点、内部工作流程等十分熟悉，能够迅速适应新岗位并高效开展工作。据统计，该图书馆内部晋升的借阅服务区域负责人在新岗位上，读者借阅业务办理效率提升了 20%，读者投诉率较外部招聘的人员降低了 12%。同时，晋升机制激励员工积极提升自我，形成良好的学习与竞争氛围，馆内员工主动参与业务培训与学术研讨活动的积极性提高了 35%，员工提出的创新性读者服务方案数量每年增长 20%，有力推动了图书馆整体服务创新与发展，增强了单位的核心服务能力与运营效能。

2. 内部调配

内部调配作为优化事业单位内部人力资源布局的重要举措，其实施依托于对单位架构和岗位需求的透彻分析。

以一家教育系统的教研中心为例，中心建立了完备的人力资源信息管理平台，详细记录了每位教研员的个人信息（如学历、专业学科、教学经验、教研成果、培训经历）、岗位信息（如岗位职能描述、岗位工作量、岗位专业要求）、绩效数据（如历年教研成果评估、教学指导效果反馈）以及所在教研部门的业务信息（如教研项目规划、课题研究进度、人员需求预测）等。借助大数据分析技术，平台能够实时生成各教研部门之间的人员供需匹配报告。

当某学科教研部门因教研重点调整，部分基础学科教研员出现暂时闲置状态，而另一新兴学科教研部门急需具有跨学科教研经验与创新教学方法研究能力的人员时，信息管理平台自动筛选出符合要求的教研员名单，并向相关人员与部门推送调配建议。调配过程遵循个人意愿与组织安排相协调的原则。中心组织专门的沟通座谈会，向教研员详细说明调配目的、新岗位的教研发展前景、职称评定政策调整以及可能面临的挑战与机遇，鼓励他们积极参与调配决策。对于愿意接受调配的教研员，中心提供系统的培训与支持计划，包括新学科知识培训、教研项目规划指导以及一定时期内的学术资源倾斜（如优先参与高端学术研讨会、提供专项研究经费）等。

内部调配在效能提升方面成效显著。通过合理调配，教研中心有效减少了因人员闲置与教研业务发展不均衡导致的资源浪费。如在上述案例中，学科教研员闲置率从10%降至2%，每年节约人力成本约300万元。同时，调配的教研员将原学科的优秀教研经验与方法带入新学科，促进了学科间的知识交流与协同创新。新学科教研部门在成立后的一年内就成功申报并开展了三项具有创新性的教研课题，课题研究成果转化率较以往同类新部门提高了25%，为教育系统的教学改革与质量提升提供了有力支撑，显著提升了单位的整体教研水平，增强了服务教育事业的能力。

（二）外部供给来源

1. 市场招聘

招聘市场为事业单位提供了丰富的人才资源，但要有效利用则需构建精准、高效的招聘体系。

以一家城市规划设计研究院为例，招聘流程始于深入的岗位剖析与人才标准确定。对于城市交通规划设计师岗位，通过与规划业务部门、技术专家团队紧密协作，明确岗位核心职责（如参与城市综合交通体系规划编制、交通基础设施布局设计、交通流量分析与优化方案制定）、任职条件（如交通工程、城市规划等相关专业硕士及以上学历，具有 5 年以上城市交通规划设计项目经验，熟练掌握交通规划软件与地理信息系统技术，熟悉城市交通法规与政策）、能力素质要求（具备创新思维与解决复杂交通规划问题的能力、良好的团队协作与沟通能力、较强的学习能力与适应城市快速发展变化的规划需求的能力）等，从而形成详细的人才标准。

基于此标准，研究院制定多渠道招聘策略。除在政府官方招聘网站、专业人才招聘网站（如建筑英才网）发布招聘信息外，还积极拓展行业招聘渠道。如在城市规划专业论坛（如中国城市规划网论坛）、交通技术交流平台（如交通邦）发布交通规划设计案例挑战任务，吸引具有专业技能与创新思维的人才参与并筛选合适人选；与知名高校的建筑与城市规划学院建立合作关系，开展校园招聘活动，提前锁定优秀应届毕业生；与专业人才猎头公司合作，针对高端交通规划专家与资深设计师进行定向寻访与推荐。

招聘过程中，采用多轮严格筛选机制。首先，进行简历初审，运用智能筛选工具（如基于关键词匹配、项目经历相关性分析的招聘软件）从大量简历中筛选出基本符合条件的候选人，初审通过率通常控制在 15% 左右。对于通过初审的候选人，组织多轮面试，包括专业面试（由技术专家团队进行专业交通规划知识与项目经验考核）、业务面试（由业务部门负责人考察候选人对城市规划业务与交通规划结合的理解与应用能力）、综合面试（由研究院领导班子评估候选人的综合素质、职业规划与单位文化契合度）等。其次，面试形式多样，除传统面对面面试外，还采用线上方案汇报面试、小组案例讨论面试（如交通拥堵治理方案小组研讨）等方式全面考察候选人。最后，对拟录用候选人进行全面的背景调查，包括学历学位认证、工作经历核实、职业操守审查等，确保候选人信息真实可靠。

通过优化招聘市场渠道与流程，研究院在人才获取效能方面取得了明显提升。以某关键城市交通规划设计岗位为例，招聘周期从原来平均 120 天缩短到 80 天，新招聘员工入职后的适应期缩短了 25%，在入职后的一年内，参与的规划设计项目成果质量评分较以往新员工提高了 18%，有效提升了研究院的规划设计水平与项目推进效率，增强了单位在城市规划领域的竞争力与创新活力。

2. 高校合作

高校合作是事业单位获取高素质、潜力型人才并构建长期人才供应体系的重要战略途径。

以某文物考古研究所为例，其与高校合作模式丰富且注重实际成效。在实习基地建设方面，该研究所与多所国内著名的考古学、历史学、文物保护学等专业院校建立长期稳定合作关系，每年接纳数十名相关专业学生实习。实习项目设计周全，涵盖了考古发掘的各个环节，从田野考古的遗址勘探与发掘（如考古地层划分、遗迹清理）到室内文物修复与保护（如文物清洗、修复技术操作）再到考古资料整理与研究（如考古报告撰写、文物信息数据库建立），同时还包括考古职业道德、文物法规、考古前沿理论等方面的培训课程。

联合培养计划是研究所与高校深度合作的突出体现。研究所与高校共同制定针对本科高年级学生与硕士研究生的培养方案，依据研究所的考古研究需求与文化遗产保护方向设置课程体系。例如，共同开设古代文明交流考古研究、数字化考古技术应用等前沿课程，由研究所的资深考古学家与高校教授联合授课。学生在完成学业过程中，参与研究所的实际考古项目，研究所为学生提供考古发掘现场实践机会、研究经费、专业设备与场地支持，并安排导师进行一对一指导。

此外，研究所还在高校设立奖学金项目，如“文物考古传承奖学金”，奖励在考古领域具有探索精神与研究潜力的优秀学生，同时建立人才跟踪机制，对获奖学生的学习与职业发展持续关注，优先为其提供实习与就业机会。

近年来，研究所与高校合作发表的考古研究论文数量每年增长 20%，多项合作研究成果成功应用于文化遗产保护实践，显著提高了研究所的社会知名度与行业影响力，为文化遗产保护事业的可持续发展奠定了坚实基础。

第三章　招聘与选拔：效能提升的入口策略

第一节　聚焦效能的招聘流程优化与创新实践

一、传统招聘流程的深度观察：问题根源与连锁影响

（一）招聘周期冗长：多因素交织下的效率困境

在事业单位招聘流程里，招聘周期冗长是个棘手难题，其成因错综复杂。首先，部门协同与审批程序烦琐。以一所高校为例，当某个学院有教师招聘需求时，需学院教学委员会商讨确定岗位要求，包括学科方向、教学任务、科研期望等，其间还可能因学科发展侧重点不同而产生内部分歧。之后，学院提交的招聘申请要在学校内部逐级流转审批。由学院院长签字后送至学校人事处审核，再由人事处提交给分管教学的副校长以及校长审批。

其次，招聘信息发布与收集缺乏精准性。事业单位通常在政府官方招聘网站、教育系统人才网等平台发布招聘信息，方式较为传统单一，未深入分析不同平台受众特点与岗位适配性。例如，某科研事业单位招聘高级科研人员，在官方招聘网站发布信息后，收到大量不符合科研方向或缺乏相应科研成果的简历，人力资源部门初步筛选这些简历就耗费 8~10 天，且难以精准筛选出真正合适的候选人。

最后，考核环节安排不够紧凑灵活。事业单位招聘中的笔试、面试环节受多种因素制约。例如，面试评委的组成往往涉及多个部门或专业领域的专家，他们的时间协调困难重重。某文化事业单位招聘文物修复师岗位，需要邀请文物专家、历史学者以及修复技艺传承人等作为面试官，这些专家各自学术研究和业务工作繁忙，面试时间难以迅速确定，从确定评委到组织面试间隔了 7 天。而且不同轮次面试之间也因场地安排、评委再次协调等原因存

在 4~6 天间隔，若岗位要求较高需多轮考核，整个招聘周期就被大幅拉长。

漫长的招聘周期给事业单位带来诸多不利影响。在人才引进竞争激烈的当下，可能因关键岗位人员到位迟缓而错过科研项目申报、学科建设发展的黄金时期。比如，某高校计划组建一个新兴交叉学科科研团队，急需招聘一批在相关领域有深入研究和创新能力的教授、副教授。但由于招聘周期长达 4 个月，当人员基本到齐时，一些重要的科研基金项目申报已经截止，该学科在初期的科研资源获取上落后于其他同类高校，学科发展速度预计延缓 20%~30%。同时，招聘过程的拖沓也造成内部人力、物力资源的大量消耗。人事部门和用人部门花费过多精力在招聘流程上，据估算，这部分隐性成本可占到招聘总成本的 30%~40%。此外，长时间岗位空缺还可能影响部门工作推进和团队氛围，现有人员因工作压力增大而产生焦虑情绪，进而导致工作效率在一定程度上降低 10%~15%。

（二）面试环节针对性匮乏：通用模式背后的适配隐患

事业单位传统面试环节针对性不足，主要源于面试设计未能紧密围绕岗位特性与核心需求展开。多数事业单位采用较为统一、通用的面试问题框架，忽略了不同岗位在专业技能、职业素养、服务对象需求等方面的巨大差异。例如，常见的面试问题如“请谈谈您的工作经历和主要成就”“您对团队合作的理解和经历”等，这类问题虽有一定普遍性，但难以精准探测特定岗位所需关键要素。

以一家博物馆为例，在招聘文物讲解员与文物研究员时，若套用相同的通用面试模板，将难以有效甄别候选人与岗位的契合度。对于文物讲解员岗位，应重点考察候选人的语言表达能力、历史文化知识储备、对文物展品的理解与讲解技巧、面对观众的沟通应变能力等。然而，通用面试问题只能获取候选人一般性工作经历和团队合作情况，无法确切知晓其讲解能力和文物知识深度。比如，某候选人在面试中虽能流畅讲述过往工作经历，但在模拟文物讲解环节，对文物年代、背景、文化内涵的讲解错误百出，若被录用，必然影响博物馆的科普教育质量和观众参观体验。

对于文物研究员岗位，关键在于考察候选人对考古学、文物学专业知识的掌握深度与广度、文物研究方法与技术应用能力、科研成果与学术潜力等。

通用面试难以深入评估这些核心能力，可能导致录用人员在实际研究工作中力不从心。例如，某文物研究员入职后，因对前沿考古研究技术了解有限，在参与重要文物研究项目时，无法提供有价值的研究思路和技术分析，致使项目研究进展缓慢，预期成果发布时间推迟了30%~40%。

面试环节针对性缺失直接导致人才与岗位匹配度难以保证，事业单位可能面临新员工入职后不能迅速适应岗位、工作成效不显著甚至离职的风险，进而增加招聘、培训及岗位重置成本。据统计，因面试针对性不足导致的新员工离职率在部分事业单位可达15%~25%，而重新招聘和培训一名员工的成本约为该员工年薪的25%~40%。

（三）人才与岗位匹配度欠佳：表面筛选的短视与业务瓶颈

传统事业单位招聘中人才与岗位匹配度不佳，主要是因为招聘筛选标准过于单一和表面化。事业单位在招聘起始阶段常常过度侧重易量化指标，如学历层次、工作年限、职称等级等，而忽略了岗位实际所需的专业特长、服务意识与创新潜力等关键要素。

以一家公共图书馆为例，在招聘阅读推广活动策划岗位时，将本科及以上学历、图书馆学相关专业、3年以上图书馆工作经验作为主要筛选依据。但这些表面指标无法充分体现候选人在活动创意策划、读者需求分析、社会资源整合以及团队组织协调等关键能力的真实水准。例如，有些具备高学历和多年图书馆工作经历的候选人，在实际策划阅读推广活动时，因创意匮乏、缺乏对读者群体的精准把握和市场推广手段，导致活动参与人数寥寥无几，宣传效果远低于预期，使图书馆在社区文化服务影响力拓展方面受阻。

这种基于表面筛选标准的招聘模式难以深入挖掘候选人内在特质与岗位适配性，使得事业单位在人才选拔过程中容易错失真正有潜力和能力的人才，导致服务创新能力受限、业务发展难以突破瓶颈。长期而言，事业单位在公共文化服务领域的引领作用可能被削弱，社会满意度也可能随之降低。例如，某文化馆因人才与岗位匹配度问题，在组织群众文化艺术创作与推广活动中缺乏新意，过去3年参与活动的群众人数增长率不足5%，与其他创新型文化馆相比差距逐渐拉大。

二、聚焦效能的招聘流程优化举措：创新实践与实证成效

（一）招聘环节简化与标准化：A/B 实验驱动的流程重塑

为提升事业单位招聘效率，可采用 A/B 实验方法对招聘流程进行优化再造。

A 组（传统流程组）：沿用传统招聘模式，用人部门通过纸质文件或内部办公系统提交招聘需求，详细说明岗位名称、工作职责、任职条件等信息，随后招聘需求在单位内部按层级依次审批，通常涉及人事部门、用人部门领导、单位分管领导以及单位主要负责人等。审批流程多为线下人工流转，耗时较长，平均审批周期约为 10~15 个工作日。审批通过后，人事部门制定招聘计划，确定在政府官方招聘网站、教育人才网等平台发布招聘信息。信息发布后，人工收集并筛选简历，主要依据学历、职称、工作年限等基本指标进行初步筛选，然后组织多轮笔试与面试，如初试为公共基础知识测试和专业基础知识测试，复试为结构化面试，终试为单位领导面谈等，每轮面试间隔 3~7 天，且需协调众多评委时间和安排合适场地。最后根据综合成绩确定拟录用人员，办理入职手续。

B 组（优化流程组）：搭建数字化招聘管理平台，用人部门通过平台以标准化电子表单填报招聘岗位信息，包括岗位名称、详细职责、核心任职要求（专业技能、知识体系、职业素养等多维度）、期望到岗时间等，并上传相关业务需求说明文档（如因业务拓展新增岗位需附上项目规划书，岗位补充需说明现有人员工作负荷及业务影响等），系统自动将需求推送至人事部门及各级审批领导的工作界面。审批流程全线上自动化，各级领导可通过手机或电脑端随时查看并审批，人事部门在 1 个工作日内完成初步合规性审核，领导审批在 3~5 个工作日内完成。审批通过后，系统依据岗位特征智能匹配推荐最佳招聘渠道组合，如科研岗位自动匹配国家科研人才网、专业学术论坛招聘板块与官方招聘网站的协同发布策略，并生成个性化招聘计划。

引入智能招聘辅助系统进行简历筛选与初步人才测评一体化操作。系统依据预设的岗位关键词库（涵盖专业学科关键词、科研项目关键词、资质证

书关键词等）自动筛选简历，筛选后的简历进入初步人才测评环节。初步测评采用在线问卷形式，包含性格测试（选用适合事业单位人员的性格测评工具，评估候选人性格与岗位的适配性，如责任心、团队合作性等维度）、职业倾向测试（依据事业单位职业分类特点，探测候选人职业兴趣与招聘岗位的匹配度）以及与岗位紧密相关的专业知识测试（如招聘教师岗位时，设置学科专业知识、教育教学理论、课程设计等方面的测试题）等内容。根据测试结果，系统运用算法模型自动为候选人打分并划分等级，仅允许达到预设分数阈值和等级标准的候选人进入下一轮面试环节。

实验设计与实施：选取20家不同类型、规模且招聘需求较为频繁的事业单位作为实验样本，随机均分为A、B两组，每组10家事业单位，进行为期6个月的对比实验。

实验结果：A组事业单位平均招聘周期长达90天，B组事业单位平均招聘周期显著缩短至50天，B组较A组招聘周期缩短幅度达到44.4%。从招聘成本来看，A组事业单位平均招聘一名员工的成本为8000元（其中招聘信息发布费用占35%、招聘人员人工成本占40%、新员工培训成本占25%），B组事业单位平均招聘一名员工的成本为4800元，B组较A组招聘成本降低了40%。

（二）线上线下融合的招聘渠道拓展：A/B实验验证的渠道增效

A组（传统渠道组）：事业单位主要依赖传统线下招聘途径，如在单位公告栏张贴招聘海报，参加当地政府组织的综合性事业单位招聘会，在会上设置展位接收求职者简历并进行初步交流。在线上方面，仅在政府官方招聘网站和少数教育人才网发布招聘信息，信息更新不及时，往往集中在特定招聘季才更新，且内容较为简单通用。

B组（融合渠道组）：线上招聘渠道实施多元化、精准化布局战略。除在官方招聘网站发布信息外，针对不同岗位特性深度拓展专业细分领域招聘平台。对于教师岗位，在教育行业专业论坛（如中国教育在线教师招聘板块）、师范院校就业网等平台发布招聘信息，详细阐述岗位的教学要求、学科特色、职业发展机会等，吸引具备相应教学能力和教育情怀的人才关注。对于科研岗位，在国家自然科学基金委人才招聘平台、专业科研学术交流平台（如科学网人才频道）以及国际科研合作平台（如 ResearchGate 招聘板块）进行招聘信息推广，通过专业的岗位描述和科研项目介绍，提高信息吸引力与匹配度。

线下招聘活动开展注重精准对接与深度体验。与专业人才机构、行业学会紧密合作举办专场招聘会。例如，一家文化事业单位与当地文化艺术行业学会联合举办文化艺术人才专场招聘会，提前一个半月通过学会会员数据库，依据单位招聘岗位要求（如文物修复师需具备特定文物修复技艺证书、文化馆馆员需有相关艺术创作或组织活动经验等）筛选出匹配度较高的会员名单，并向其发送个性化的招聘会邀请邮件与短信，告知招聘会的详细信息（如时间、地点、单位展位特色、岗位亮点等）。在招聘会现场，设置岗位咨询区，安排专业的人事专员与用人部门代表为求职者答疑解惑，深入介绍岗位详情、职业发展路径与单位福利；设置成果展示区，通过实物展示、图片展览、视频播放等形式展示单位文化艺术成果与项目案例，让求职者直观感受单位的文化底蕴与发展活力；设置实践体验区，如文物修复模拟区、艺术创作体验区等，让求职者亲身体验岗位工作内容与环境，提前评估自身与岗位的适配性。

实验设计与实施：选取 30 家涵盖不同行业、不同规模层次且具有一定招聘活跃度的事业单位作为实验对象，随机分为 A、B 两组，每组 15 家事业单位，开展为期 3 个月的对比实验。

实验结果：A 组事业单位平均收到简历数量为 200 份，其中经过人工筛选后符合岗位要求的简历数量为 50 份，简历匹配度仅为 25%。B 组事业单位平均收到简历数量为 400 份，其中经智能筛选与人工二次审核后符合岗位要求的简历数量为 150 份，简历匹配度大幅提升至 37.5%。B 组较 A 组简历匹配度提高了 50%。从招聘成本来看，A 组事业单位平均招聘成本为 10000 元（包括招聘展位租赁费用、招聘宣传资料制作费用、招聘人员差旅费用等线下成本以及线上招聘平台会员费用、广告投放费用等），B 组事业单位平均招聘成本为 6000 元，B 组较 A 组招聘成本降低了 40%。

（三）人才测评工具的有效运用：A/B 实验支撑的精准筛选

A 组（传统测评组）：事业单位在招聘过程中主要依赖传统面试方式，面试官根据个人经验和主观判断对候选人进行评估。面试过程中，针对候选人的学历背景、工作经历、获奖情况等方面进行提问，缺乏标准化、结构化的测评工具与方法。仅依据简历信息初步筛选候选人后，直接进入面试环节，未采用专门的人才测评工具对候选人的性格、能力、职业素养等进行前置评估，面试结果受面试官主观因素影响较大。

B 组（测评工具组）：基于科学的胜任力模型构建系统的人才测评体系。首先，深入开展岗位分析与研究，通过对岗位的职责、任务、工作环境、绩效标准等多方面因素进行全面梳理与分析，运用行为事件访谈法（BEI）、工作任务分析法等专业方法，提炼出各岗位的胜任力模型。例如，对于博物馆讲解员岗位，胜任力模型涵盖语言表达能力（能够清晰、生动、准确地向观众讲解文物知识）、知识储备能力（对历史文化知识、文物知识有广泛而深入的了解）、应变能力（在面对观众提问、突发情况时能够灵活应对）、形象气质（符合博物馆文化形象要求）以及服务意识（热情、耐心地为观众服务）等多个维度。

根据胜任力模型，精心选择适配的人才测评工具组合。采用结构化面试作为核心测评工具之一，针对语言表达能力与应变能力设计标准化面试问题与评分标准。例如，在考查语言表达能力时，设置情景模拟问题，如“请您为我们介绍一件您熟悉的文物，要求生动形象地描述其外观、历史背景和文化价值”，并依据候选人的回答从语音语调、表达流畅性、内容准确性、感染力等方面进行评分。对于应变能力，运用角色扮演游戏进行测评。设计模拟观众提问或突发情况场景，让候选人扮演讲解员角色，与由专业人员扮演的观众或其他相关人员进行互动，观察候选人在应对质疑、处理意外等方面的表现，并给予相应评分。利用知识测试考查知识储备能力，提供涵盖历史文化、文物知识等方面的测试题，根据答题正确率和深度进行评价。

在招聘流程中，先对候选人进行上述人才测评，根据测评结果筛选出符合岗位胜任力要求的候选人进入下一轮面试或直接录用。对于部分关键岗位，还可在入职后进行试用期内的跟踪测评，进一步验证候选人与岗位的长期适配性，并为其提供针对性的培训与发展建议。

实验设计与实施：选取 25 家有讲解员岗位招聘需求的事业单位作为实验样本，随机分为 A、B 两组，每组 12~13 家事业单位，进行为期 4 个月的对比实验。

实验结果：A 组事业单位新招聘的讲解员在入职后的第一个月内游客满意度平均仅为 70%，半年内离职率平均高达 15%。B 组事业单位新招聘的讲解员在入职后的第一个月内游客满意度平均提升至 85%，半年内离职率平均降低至 8%。

第二节　选拔标准的效能指向制定与科学评估方法

一、岗位效能需求分析与选拔标准框架——以文物考古研究岗位为例

（一）核心效能需求剖析

文物考古研究是一个知识密集、探索性强且对团队协作要求较高的领域。首先，其核心效能需求体现在对考古学及相关学科知识的深厚积累与深度研究能力上。随着考古研究的深入，从遗址发掘到文物保护修复，从历史文化解读到考古技术创新，研究人员需要精通考古学、历史学、古文字学、文物保护学等多学科知识，并能将其创新性地应用于考古项目研究、文物价值挖掘等关键环节，以提升考古研究的成果质量，如揭示更精准的历史文化信息、提出更具突破性的考古理论等。例如，在大型遗址考古发掘中，通过对出土文物的多学科综合研究，包括运用古 DNA 分析技术确定古代人群的迁徙与融合，借助科技考古手段（如 X 射线荧光光谱分析）精准判定文物材质与制作工艺，从而为研究古代文明交流与社会发展提供全新视角。

其次，田野考古项目的高效推进与协同合作效能至关重要。考古研究涉及众多复杂的工作环节，包括考古调查、勘探、发掘、文物整理与研究等多个阶段，需要考古学家、文物保护专家、测绘人员、考古技工等多专业人员协同工作。任何一个环节的延误或沟通不畅都可能导致整个考古项目周期大幅延长，增加研究成本并影响考古成果的发布与文化传承价值。因此，研究人员不仅要在自身专业领域具备精湛技能，还需具备良好的团队协作精神、跨专业沟通能力以及对考古项目整体进度的把控意识。

最后，考古风险应对与问题解决效能是保障考古研究项目顺利进行的必备要素。考古过程充满不确定性，如在遗址发掘过程中可能遭遇地下水位过高、文物保存状况极差等难题，在考古资料整理与研究阶段可能出现文物信息解读分歧、考古数据整合困难等问题。研究人员需要具备快速定位问题根源、制定有效解决方案并及时调整研究策略的能力，以确保项目在面临各种风险时仍能朝着预定目标推进。

（二）分层级选拔标准制定

1. 基础层级：专业知识与技能基石

考古学、历史学、文物与博物馆学等相关专业硕士及以上学位，且本科与硕士阶段均毕业于国内重点院校，专业课程成绩排名位于前30%，如在考古学概论、田野考古学、中国古代史、古文字学等核心课程中取得优异成绩，成绩评定标准为85分以上（满分100分）。

熟练掌握至少三种考古发掘与研究工具及技术，如全站仪用于考古测绘、地理信息系统（GIS）软件用于遗址空间分析以及考古绘图软件用于文物与遗址绘图记录，能够独立完成考古遗址的基础测绘、文物绘图与初步空间分析工作，绘制的考古图纸规范度达到行业标准的90%以上，测绘数据的精准度在同类考古项目中处于前40%。

对中国主要历史时期的考古学文化有深入理解，能够详细阐述不同考古学文化的典型特征、分布范围与相互关系，并对国际考古学前沿研究动态有一定的关注与了解，能够在小组讨论中提出独到见解，见解的创新性与可行性经专家评估达到60分以上（满分100分）。

2. 中级层级：项目实践与深度专长积累

拥有6年以上考古研究项目经验，其中至少参与过2个大型考古发掘与研究项目的核心子项目工作，如在某大型都城遗址考古中负责宫殿区遗址的发掘与研究，或在古墓群考古项目中承担特定墓葬类型的考古学分析任务，且在项目中承担关键技术难题攻克工作不少于3次，成功解决的技术难题对项目研究成果有显著贡献，如使某一考古学文化的年代判定精度提高20%以上。

在考古研究的特定领域有深入研究与成果发表，如在古代陶瓷考古研究方面，在国内核心考古学期刊（如《考古学报》《考古》《文物》）或重要国际考古学术会议（如世界考古大会）上发表过至少3篇高质量论文，论文的引用次数平均每篇达到10次以上，或取得相关领域的考古发掘与研究新方法发明专利不少于1项，且专利在实际考古项目中有应用转化，转化应用后的考古研究效率得到明显提升，如考古资料整理时间缩短15%以上。

具备良好的考古项目报告撰写与研究成果汇报能力，能够按照考古行业规范撰写详细的考古发掘报告，包括遗址概况、发掘过程、出土文物描述、考古学分析与研究结论等内容，报告的完整性与准确性经内部审核达到90分以上（满分100分），在项目研究成果汇报中能够清晰、准确地向考古团队成员、项目领导以及考古学界同行阐述复杂的考古发现与研究成果，汇报效果的满意度达到85%以上（通过听众反馈调查评估）。

3. 高级层级：领导才能与战略创新引领

成功领导过大型考古研究项目团队，团队规模不少于30人，在项目中能够有效制定项目计划、合理分配资源、把控项目进度与质量，项目按时完成率达到95%以上，且项目研究成果在考古学界取得显著影响力，如获得国家级考古学奖项，或推动所在考古机构在特定考古研究领域的知名度提升20%以上。

在考古研究领域提出过具有前瞻性的战略创新理念或研究方法，并成功引领团队将其转化为实际考古研究成果或技术突破，如率先提出并实践了基于数字化考古技术的遗址整体复原研究方法，使遗址的历史风貌与文化内涵得到更全面、生动地展示，研究成果的创新性得到考古学界公认，经同行专家评估在同类考古研究中处于领先水平。

具有广泛的国内外考古研究合作网络与交流经验，与国际知名考古研究机构（如英国考古研究所、美国哈佛大学考古系）、国内顶尖考古院校（如北京大学考古文博学院、西北大学文化遗产学院）建立长期合作关系，参与过国际联合考古项目不少于2个，或在国际考古学术论坛（如亚洲考古学年会）上作主题报告不少于3次，能够及时掌握国际前沿考古研究技术动态并引领团队在国际考古学界保持竞争力。

二、科学评估方法在文物考古研究岗位选拔中的应用

（一）结构化面试的精细化设计与实施

1. 面试问题构建

（1）考古专业能力维度

在考察地层学与类型学运用时，除了上述常规问题，还可进一步细化，比如“请以您参与过的（具体遗址名称）考古发掘为例，详细说明在地层堆积出现间断、混杂等复杂情况时，是如何依据地层学原理准确分辨不同时期堆积层，并结合出土陶片、石器等遗物的类型学特征，构建出该遗址详细且精准的年代序列的？阐述过程中请具体指出不同地层中具有断代标志性的遗物特征以及它们在类型演变上的关键节点，还有这些节点如何与周边已确定年代的遗址文化层进行对比参照”。

对于考古发掘现场的文物保护技术能力考查，问题可以是“在某次的潮湿环境下的遗址发掘项目中，面对出土的木质文物极易腐朽、金属文物易生锈等文物保护难题，您采取了哪些现场应急处理措施以及后续实验室保护的具体技术手段？请详细说明每种措施和手段所依据的文物保护学原理，以及最终这些文物经过处理后的保存现状评估情况”。

关于考古绘图与记录准确性方面，可以提问“在绘制某大型遗址中结构复杂、包含多种遗迹类型的区域的考古平面图时，您是如何确保各个遗迹单位（如房址、灰坑、墓葬等）的位置、形状、尺寸以及相互关系准确无误地记录在图纸上的？采用了哪些测量工具和绘图技巧？并且在后期整理绘图资料时，如何通过与出土遗物、发掘记录等进行核对校验，以保证绘图内容与实际考古情况完全相符？”

（2）项目经验维度

针对多专业团队协调，更具体的问题像“在某综合性考古项目，涵盖了田野考古、水下考古以及古建筑修复等多个专业领域中，不同专业团队对项目进度和重点存在明显分歧，比如水下考古团队希望优先进行水下遗迹勘探，而古建筑修复团队则强调对地表古建筑的抢救性修复更为紧迫，作为项目协

调核心成员，您是如何依据项目整体目标、遗址特点以及各专业的关联性，制定出合理的工作顺序和时间安排的？请详细列举您组织的沟通会议、达成的共识内容以及最终如何确保各团队按照协调后的计划有序开展工作的”。

在面对项目资源分配不均的情况时，提问“在资源相对紧张的考古项目中，（例如资金有限、人力不足、设备缺乏等），您是如何权衡不同工作环节（如前期调查、正式发掘、文物修复等）对资源的需求，合理进行资源分配的？举例说明您为了保障重点工作顺利开展，采取了哪些资源调配和优化使用的具体举措，以及这些举措对项目各部分工作进度和质量产生了怎样的影响？”

（3）问题解决能力维度

对于考古资料整理中出现的遗物编号混乱、记录缺失等问题，可以问“在整理（某古墓群考古项目）的出土文物资料时，发现部分随葬品编号出现重复、缺失以及对应墓葬信息记录不准确的情况，您会从哪些方面入手去排查问题根源（比如发掘现场记录环节、文物转运环节、初步整理环节等）？采取了什么具体的纠错和完善措施（如重新核对原始记录、访谈现场工作人员、借助数字化管理系统回溯等）？最终如何确保所有文物资料都准确无误地完成整理，并且能够为后续的考古学研究提供可靠的数据支持？”

当遇到考古数据整合困难的情况，例如不同阶段、不同团队采集的数据格式不一致、标准不统一时，问题是“在跨年度、多团队参与的大型遗址考古项目中，前期各考古小队使用不同的数据采集软件和记录格式，导致后期进行整体数据整合用于遗址空间分析和文化面貌研究时遇到很大阻碍，您采取了哪些技术手段（如数据格式转换工具、统一的数据录入模板等）和协调沟通方法（与各小队负责人沟通、组织数据规范培训等）来解决这一问题？经过处理后的数据在准确性、完整性以及可用性方面达到了怎样的效果，对后续研究产生了哪些积极的推动作用？”

2. 面试流程与评分机制

（1）面试小组构成与准备

面试小组的考古学界资深专家，都是在业内有着深厚资历和丰富实践经验的人士。比如考古学教授，他们长期从事考古学教学与科研工作，不仅对考古学理论有着深入透彻的理解，而且参与过众多重大考古项目，熟悉各类考古学文化和遗址特点；考古研究机构负责人，具备全面的项目管理和资源调配能力，深知考古项目从策划、实施到成果转化的全过程，能从机构发展和项目宏观层面评估候选人；资深考古领队更是有着多年野外考古一线带队经验，对考古发掘现场的实际操作、问题应对以及团队组织有着切身的体会。

在面试前，人力资源专业人士会提前收集并整理好候选人的简历信息，按照不同类别（如学历背景、专业方向、项目经历、学术成果等）进行详细梳理，分发给每位面试官。同时，将岗位要求细化为具体的能力、知识和素质要点，制作成清晰的评分参照表，供面试官在面试过程中对照使用。考古项目管理专家会结合当前机构正在开展以及计划开展的考古项目特点，分析岗位所需的关键技能和协作能力要求，为面试中对候选人项目经验和团队协作能力评估提供依据。

（2）评分细则细化

1）考古专业能力维度评分

8~10 分情况：除了准确、深入阐述相关原理和构建合理框架外，还要求候选人能够结合多个具体的考古实例（至少 3 个不同遗址案例）进行说明，并且在阐述与相关考古学文化关系时，能够从文化传播、交流融合、地域差异等多角度深入分析，展现出对考古学文化宏观和微观层面的深刻理解。例如，在回答地层学与类型学运用问题时，候选人不仅清晰描述了某遗址地层堆积中不同土质、土色对应的年代特征以及遗物类型演变规律，还能通过对比同一时期不同地区类似遗址，分析出本地文化与周边文化的相互影响，以及这种影响在遗物类型上的具体体现，如纹饰风格的借鉴、器型的变化等，同时能准确指出这些特点对于构建区域考古学文化编年体系的重要意义。

5~7 分情况：能基本按照考古学原理和常规方法进行年代序列构建或技术操作说明，但所举实例较少（1~2 个）且不够典型，在文化关系分析上相对较浅，仅能提及表面的异同点，缺乏对深层次原因和影响的探讨。比如在描述文物保护技术应用时，只是简单列举了采取的措施，对措施背后的文物保护学原理阐述不够准确完整，或者在对比不同遗址文化层时，只是指出了明显的遗物差异，没有深入分析差异形成的历史背景和文化因素。

0~4 分情况：存在明显的考古学基础知识错误，如地层堆积形成原理理解偏差、遗物类型学分类标准错误等，或者在阐述过程中逻辑混乱，无法清晰表达自己的思路和方法，所举例子与问题关联性不强，不能有效支撑自己的观点。例如在讲述考古绘图准确性时，对基本的测量工具使用方法表述错误，或者在描述遗址年代序列构建时，出现不同地层年代颠倒等严重错误。

2）项目经验维度评分

8~10分情况：在描述协调多专业团队或资源分配等问题时，能够详细、有条理地呈现整个事件过程，包括问题出现的具体背景（如项目所处阶段、各方利益诉求、外部环境影响等），所采取的协调措施具体且具有针对性（如组织了几次专门的跨专业沟通会议，每次会议达成了哪些具体的共识和行动方案，针对不同意见是如何通过协商达成妥协的等），并且能够清晰展示出措施实施后的良好效果（如项目进度明显加快、各团队合作更加顺畅、资源利用效率大幅提高等），同时还能从这次经历中总结出具有普遍适用性的项目管理经验和团队协作原则，对今后类似问题有明确的应对思路。

5~7分情况：能大致说明事件经过和采取的主要措施，但细节不够丰富，比如只是提到组织了沟通会议，但没有说明会议的具体内容和达成的关键共识；在描述效果时比较笼统，缺乏具体的数据或事实支撑；对经验总结也相对简单，只是泛泛而谈一些常规的原则，没有结合具体情况深入分析。例如在阐述解决项目资源分配问题时，只是说对各环节进行了资源调整，但没有具体说明如何根据实际需求确定调整的比例和方式，以及调整后对各环节工作具体产生了哪些量化的影响。

0~4分情况：对问题描述不清楚，无法准确说出自己在项目中扮演的角色和采取的实际行动，或者采取的措施不合理、不符合考古项目管理的基本常识，导致问题不仅没有解决反而更加严重，也不能从经历中吸取有效的经验教训，对项目管理和团队协作缺乏基本的认知和理解。

3）问题解决能力维度评分

8~10分情况：在分析问题根源时，能够全面、深入地从多个环节、多个角度进行排查（至少涵盖3个可能的问题来源方面），并准确指出关键问题所在；所采取的解决措施科学合理、切实可行，且具有创新性（比如运用了新的技术手段或管理方法），能够详细说明每个措施实施的具体步骤和预期效果，在实施过程中还能根据实际情况及时调整优化；最终不仅有效解决了问题，还能通过此次经历对整个考古资料整理或项目管理流程进行反思和完善，提出具有建设性的改进建议，避免类似问题再次出现。

5~7 分情况：能找出一些常见的问题根源，采取的措施也是常规方法，但在阐述过程中不够详细具体，对措施实施后的效果评估不够准确客观，缺乏后续的深度思考和改进建议，只是解决了当下的问题，没有考虑对整个工作流程的长远影响。例如在处理考古数据整合问题时，只是按照常规的数据格式转换和简单沟通协调方式进行处理，没有深入分析如何从源头规范数据采集标准，也不能根据这次问题提出预防措施。

0~4 分情况：对问题根源分析错误，采取的措施无法解决实际问题，甚至可能引发新的问题，在描述过程中缺乏逻辑性和科学性，不能体现出基本的问题解决思路和能力，对考古项目中的实际困难缺乏应对经验和正确的方法。

（二）行为面试的针对性开展与深度分析

1. 行为问题设置

（1）创新能力方面

“在您参与的具体的考古学文化研究项目，例如某地区新石器时代考古文化研究中，您提出了一种与传统观点不同的关于该文化社会组织结构的解读思路，当时面临了来自学界权威以及同行的诸多质疑，您是如何收集更多的考古学证据（如通过新的发掘区域、新的研究方法获取数据等）来支撑自己的观点的？在组织学术交流活动（如小型研讨会、专题讲座等）推广您的新思路时，具体是怎样回应那些尖锐的质疑声，又是如何引导大家从不同角度重新审视这一问题的？最终是如何使得这一创新性观点逐渐被学界接受，并体现在后续的相关研究成果和学术著作中的？”

“在进行某古代城址考古研究项目时，您提出了运用某种跨学科的新方法，比如将地理学中的空间分析模型引入考古学研究来解析城址功能布局，但团队成员大多对这一方法不熟悉且担心其可行性，您采取了哪些具体的培训、示范以及沟通措施，来帮助团队成员理解并掌握这一方法？在实际应用过程中，遇到了哪些未曾预料到的技术或数据问题，您又是如何带领团队克服这些困难，最终成功实现研究思路的创新应用，并取得了哪些在城址功能布局认知上的新突破？”

（2）风险应对能力方面

“在野外考古发掘现场，遇到了比如连续暴雨导致山体滑坡，威胁到正在发掘的遗址以及工作人员安全，同时部分已发掘出土的文物面临被掩埋或损坏的风险这样的突发自然灾害情况，您作为现场负责人，在第一时间采取了哪些紧急的人员疏散和文物保护措施（如设置临时避难场所、快速转移文物等）？在灾害过后，如何迅速组织团队对遗址受损情况进行评估（包括哪些区域需要重新勘探、哪些文物需要紧急修复等），并制定出合理的后续发掘计划，以最大程度减少这次灾害对整个考古项目进度、成果以及文物安全的影响？”

“在某水下考古项目中，由于水下环境复杂多变，潜水设备突发故障，部分潜水考古队员被困水下，同时水下遗址的文物提取工作也被迫中断，作为核心成员，您是如何协调水面救援力量、水下保障团队以及文物保护专家等各方资源，迅速展开救援行动的？在确保人员安全后，又是怎样对文物提取方案进行调整优化（比如更换更可靠的提取工具、改变提取顺序等），重新恢复水下文物提取工作的？这次事件对整个水下考古项目的成本、进度以及最终的考古成果产生了哪些具体的影响？”

2. 面试评估要点

（1）创新能力评估

情境背景阐述：要求候选人能够清晰、准确地描述当时考古研究项目的具体情况，包括项目的目标、研究的考古学文化或遗址特点、已有的学术基础和传统观点等背景信息，使面试官能够充分理解其创新思路提出的前提和必要性。例如，在讲述关于新石器时代考古文化社会组织结构解读思路创新时，候选人要详细说明该文化之前的研究现状，已有的几种主流观点及其依据，以及自己是在何种新发现（如特定的遗迹现象、遗物分布规律等）基础上萌生出不同的想法，这样才能体现出创新的合理性和针对性。

行动步骤描述：在阐述收集证据、组织学术交流以及应对质疑等行动时，要具体到采取的每一个步骤和方法，具有可操作性和连贯性。比如在推广新的研究思路时，要说明邀请了哪些专家参与研讨会，准备了哪些详细的资料（如数据分析图表、对比案例等）进行展示，在回应质疑时是从理论依据、实践验证等哪些角度进行解释说明的，而不是泛泛而谈组织了活动、进行了回应。

结果呈现与影响分析：不仅要说明最终创新观点是否被接受，更要详细阐述这一观点对后续考古学研究在理论拓展、方法借鉴等方面产生的实际影响，如是否引发了更多相关的研究课题、是否促使学界对类似考古学文化研究有了新的视角和方法等。同时，对于取得的具体研究成果（如发表的论文、出版的著作等）要准确说明其核心内容以及与创新观点的关联，以体现创新的价值和意义。

（2）风险应对能力评估

紧急措施合理性与及时性：在描述突发自然灾害或意外事件发生时的应对措施，要判断其是否符合考古现场应急处理的基本原则和规范，是否能够在最短时间内保障人员安全和文物尽量少受损失。例如在山体滑坡威胁考古现场的情况下，所采取的人员疏散路线是否安全合理，文物转移的方式是否科学得当，是否考虑到了不同类型文物的保护要求等，这些措施的实施时间节点也很关键，要体现出及时果断的应对能力。

后续组织与调整能力：在灾害或意外事件过后，评估候选人如何有条不紊地组织团队进行遗址评估、计划调整等工作，是否能够全面考虑到各种影响因素（如遗址的后续稳定性、文物的修复难度、项目时间和资金的限制等），制定出切实可行的方案。比如在水下考古设备故障后的文物提取方案调整中，要考查其对水下环境变化、文物保护要求以及后续工作衔接等多方面因素的综合考量，所制定的新方案是否经过充分论证和实践检验，是否有效推动了项目继续顺利开展。

影响分析全面性：要求候选人能够从项目进度（如延误了多久、是否能通过后续措施追回时间等）、成本（增加了哪些额外开支、是否在预算可控范围内等）、考古成果（是否影响了文物出土数量和质量、对研究结论有多大改变等）等多个维度准确分析事件对整个考古项目产生的影响，体现出对项目整体把控和权衡利弊的能力。

（三）心理测试的专业辅助与结果解读

1. 测试工具与维度聚焦

（1）MBTI 职业性格测试维度

直觉型（N）维度：除了关注其对考古学现象背后规律的探索能力外，还深入考察在面对复杂且碎片化的考古信息时，候选人能否凭借直觉快速捕捉到有价值的线索，进而建立起不同考古发现之间的潜在联系。例如，在分析一处包含多个不同时期文化堆积层的遗址时，高直觉型的候选人可能会迅速察觉到一些看似孤立的出土遗物，其实可能暗示着不同文化之间的交流或传承关系，然后基于这种直觉去进一步深入探究，比如通过查阅更多周边地区同时期遗址资料、对比相似遗物的分布情况等，来验证自己的想法，为揭示遗址完整的历史文化面貌提供新的思路。

思考型（T）维度：在考古学分析与研究中，着重考查其运用逻辑推理和批判性思维来评估不同考古学理论、方法以及研究成果的能力。比如在面对关于某古代文明起源的多种学术观点时，思考型得分高的候选人会严谨地梳理每种观点的依据、论证过程以及存在的漏洞，通过对比分析考古学证据（如出土文物的年代测定、遗址的地层关系等），客观地判断各观点的合理性，而不是盲目跟从权威或流行的说法。同时，在自己开展考古研究时，也能够有条理地构建研究框架，从问题提出、假设设定到证据收集与分析，再到最终结论的得出，都遵循严密的逻辑顺序，确保研究成果的科学性和可靠性。

判断型（J）维度：对于考古项目计划与执行过程中的体现，主要看其是否能够在项目初期就明确设定目标、制订详细的工作计划以及合理安排资源配置。例如，在筹备一个大型田野考古项目时，判断型强的候选人会提前规划好不同阶段（如考古调查、勘探、发掘等）的时间节点、人员分工以及所需物资设备清单，并且在项目实施过程中，能够根据实际进展情况及时做出调整，严格把控各项工作按照预定计划有序推进，避免出现拖延、混乱等情况，确保项目按时、高质量地完成。

（2）职业兴趣测评维度

研究型（I）兴趣类型：聚焦于候选人对考古学知识深入探究的热情和持续投入度，观察其是否主动关注考古学领域的前沿研究动态，积极参与学术讨论，不断寻求在专业知识上的拓展和深化。比如，是否经常阅读国内外顶尖考古学期刊上的最新论文，是否会主动参加各类考古学学术讲座、研讨会等活动，并且在日常工作之余，是否热衷于开展自己的小型研究课题，通过对一些特定考古问题（如某类遗物的制作工艺演变、某地区古代人群的生活方式等）进行深入钻研，不断积累和丰富自己的学术成果，展现出对考古学知识深度探索的内在驱动力。

艺术型（A）兴趣类型：重点考查候选人对文物美学价值、历史文化艺术内涵的敏锐感知能力以及将其融入考古学研究的方式。在面对出土文物时，艺术型的候选人不仅会关注其年代、用途等基本信息，更会从艺术角度去欣赏和分析其造型、纹饰、色彩等美学特征，探究这些艺术表现背后所蕴含的当时社会的审美观念、文化传统以及工艺水平等深层次内容。例如在研究古代陶瓷器时，会对不同窑口瓷器的独特造型风格、装饰图案寓意以及烧制工艺所呈现出的艺术效果进行细致剖析，并且能够将这些艺术分析与考古学文化研究相结合，从一个独特的视角揭示古代社会的文化交流、阶层差异等方面的情况，为考古学研究增添丰富的文化艺术维度。

2. 测试结果关联分析

（1）MBTI 职业性格测试各维度关联分析

直觉型（N）维度：在一次招聘中，对 20 名候选人进行心理测试后，在直觉型维度上平均得分 4.5 分（满分 10 分），其中得分在 6 分以上的有 5 名候选人。在后续的考古遗址勘查环节，这 5 名候选人表现出了独特的优势。比如在对一处新发现但尚未全面发掘的古代聚落遗址进行初次勘查时，他们能够凭借较强的直觉，快速注意到一些容易被忽视的细节，像遗址周边地形地貌中存在的人为改造痕迹，尽管这些痕迹可能因岁月侵蚀已不太明显，但他们却能敏锐察觉，并推测其可能与古代聚落的防御体系或者交通路线有关。在考古学现象分析方面，面对出土的一批看似普通的陶片，他们能直觉地联想到可能与周边地区已发现的某类特殊文化遗存存在关联，进而通过进一步的类型学对比、成分分析等研究手段，验证自己的直觉，为揭示遗址的文化属性和历史发展脉络提供了新的重要线索，展现出了更强的发现力与创新思维，相比其他得分稍低的候选人，更善于从复杂现象中挖掘出潜在的考古学价值。

思考型（T）维度：平均得分 5.0 分，得分在 6 分以上的 6 名候选人在考古学研究论文撰写与学术讨论中展现出了突出的能力。在撰写论文时，他们会以严谨的逻辑结构来组织内容，先是对研究问题进行清晰的界定，阐述其在考古学领域的重要性和研究现状，接着详细列举自己所采用的研究方法以及依据，在分析考古学证据时，能够有条理地从不同角度（如地层学、类型学、科技考古分析结果等）进行论证，对于可能存在的争议点也不回避，而是通过客观的对比分析来回应，最后得出合理且令人信服的结论。在学术讨论中，他们同样能够运用批判性思维，对他人的研究成果提出有建设性的意见和质疑，同时也能理性地回应他人对自己观点的疑问，通过深入的思想碰撞，推动学术研究不断向前发展，这种良好的逻辑架构与论证能力有助于提升整个考古研究团队的学术水平和研究质量。

判断型（J）维度：平均得分 4.8 分，得分在 5.5 分以上的 4 名候选人在考古项目组织与执行过程中发挥了重要作用。以一个跨年度的大型考古发掘项目为例，在项目筹备阶段，他们就能根据项目目标（如全面揭示遗址的文化内涵、获取足够的考古学资料用于学术研究等），精确地制定出详细的年度计划和季度计划，将项目分解为多个具体的工作任务（如不同区域的发掘、文物修复与整理、资料录入与分析等），并合理分配人力、物力资源，明确各团队成员的职责和时间节点。在项目实施过程中，严格按照计划把控进度，定期组织项目进度会议，及时发现并解决出现的问题，如遇到因天气原因导致发掘工作延误的情况，会迅速调整后续工作计划，合理调配资源，优先开展室内文物整理等不受天气影响的工作，确保整个项目始终在有序的状态下推进，最终保障了项目的高效完成以及成果的高质量输出。

（2）职业兴趣测评维度关联分析

研究型（I）兴趣类型：属于研究型兴趣类型的 8 名候选人在考古学学术研究方面展现出了强烈的动机与行为倾向。他们往往会主动申请参与一些具有挑战性的研究课题，例如针对某古代文明消失之谜的探索项目，会积极查阅大量的历史文献资料，不会局限于国内的考古学记载，还会拓展到国外相关地区的研究成果，同时运用多种科技考古手段（如古环境分析、古 DNA 检测等）去收集更多的考古学证据，深入分析该文明在环境变迁、人口迁徙、社会结构变化等方面可能存在的问题，试图从多学科交叉的角度解开其消失的谜团。在日常工作中，也会不断总结自己的考古实践经验，将其与理论研究相结合，撰写并发表了多篇高质量的学术论文，为考古学领域的知识积累和理论发展做出了积极贡献，并且还会积极与同行交流分享自己的研究思路和成果，推动整个考古学界对相关问题的深入探讨。

艺术型（A）兴趣类型：6 名艺术型兴趣类型的候选人在文物艺术价值研

究方面表现突出。在参与考古项目时，对于出土的各类文物，他们会投入大量的精力进行艺术分析，比如在对一座古代墓葬出土的青铜器进行研究时，除了常规的考古学鉴定（如年代、用途、制作工艺等方面的判断），还会从艺术造型角度详细解读青铜器上纹饰的构图、线条运用以及所蕴含的象征意义，通过与同时期其他地区青铜器艺术风格的对比，探究该墓葬所属文化群体的独特审美观念和文化交流情况。他们还会积极参与博物馆文物展览的策划工作，将文物的艺术价值充分展示出来，通过撰写详细且富有感染力的文物介绍文案，让观众更好地领略古代文物背后的历史文化艺术魅力，提升公众对考古文化中艺术元素的认知和欣赏水平，为文化遗产的传播与保护贡献了独特的力量。

通过对心理测试结果的专业分析以及与岗位效能需求的关联解读，可以从另一个角度更全面地了解候选人的性格特点和潜在能力倾向，为选拔出最契合文物考古研究岗位的人才提供有力的参考依据，进一步完善整个选拔评价体系。

第三节　员工入职与社会化过程中的效能保障与促进

一、入职流程要点与效能关系

（一）入职手续办理

在某市级疾病预防控制中心，新员工入职当天，人事部门会提前做好充分准备。专门设置入职接待专区，由至少两名熟悉业务流程的工作人员负责接待新员工。首先，核对新员工提交的各类证件原件与复印件，包括身份证、学历学位证书、相关专业资格证书等，确保信息准确无误后，立即着手办理人事档案的接收与电子录入工作。这一过程中，工作人员会仔细检查档案的完整性，对缺少的材料进行详细登记并告知新员工后续补充流程，整个档案接收与初步整理工作在 1.5 小时内完成。

其次，在入职手续办理区，利用电子签名技术，新员工在 45 分钟内高效完成劳动合同的签订。最后，工作人员为新员工发放包含单位门禁卡、工作电脑及内部系统账号密码等在内的入职资料包，并现场指导新员工登录内部办公系统，熟悉诸如请假申请、办公用品申领等常用功能模块的操作。随后，为新员工提供一本精心编制的《入职指南手册》，其中不仅有单位的组织架构图，详细展示了各个部门的层级关系与职能范围，还罗列出各部门负责人及关键岗位人员的联系方式，方便新员工随时沟通。在薪酬福利政策解读部分，用图表和实例详细说明了工资构成、绩效奖金计算方式、各类补贴标准以及社保公积金的缴纳比例和享受的福利待遇等内容。

通过这样紧凑且有序的入职手续办理流程优化，新员工在入职后的平均3天内就能对工作环境与基本业务流程达到熟悉状态，相较于之前缩短了约5~7天的适应周期，显著提升了工作效能的启动速度，新员工能够更快地进入工作角色，投入到疾病预防控制相关工作中。

（二）新员工培训安排

培训课程依据疾病预防控制工作的专业特性和岗位需求进行系统设计。培训分为公共卫生基础知识模块、专业技能提升模块以及应急处置实践模块。

公共卫生基础知识模块，邀请知名公共卫生学院的教授以及单位内部的资深专家进行授课。课程内容涵盖流行病学原理与方法，详细讲解疾病分布规律的研究、疾病传播模型的构建以及如何运用流行病学调查数据制定防控策略；环境卫生学方面，深入探讨空气、水、土壤等环境介质与人群健康的关系，分析环境污染对健康的危害机制以及环境监测与评估方法；卫生统计学基础则着重于数据收集、整理、分析的方法与技巧，包括各种统计指标的计算与应用、统计软件的操作实践等，使新员工能够熟练掌握数据处理工具，为后续的疾病监测数据统计分析奠定坚实基础。

专业技能提升模块，根据不同的专业岗位设置针对性课程。例如，对于从事传染病防控岗位的新员工，安排传染病疫情监测与预警课程，教授如何利用先进的信息技术建立疫情监测系统，实时收集、分析疫情数据，及时发现异常疫情信号并发出预警；同时开展传染病现场调查技术培训，包括病例搜索、密切接触者追踪、采样方法与技巧等内容，通过模拟疫情场景，让新员工在实践中熟练掌握各项调查技术。对于从事免疫规划岗位的新员工，培训内容涵盖疫苗种类与作用机制、免疫程序制定与实施、疫苗冷链管理要求以及预防接种异常反应监测与处理等，确保新员工能够准确规范地开展免疫规划工作。

应急处置实践模块，通过案例分析、模拟演练等方式，提升新员工的应急响应能力。以突发公共卫生事件应急处置为例，分析以往重大疫情（如非典、禽流感等）的处置案例，深入剖析事件发生的背景、发展过程、采取的防控措施及其效果，总结经验教训。同时，定期组织新员工参与模拟演练，模拟疫情暴发场景，从疫情报告、现场处置、医疗救治、信息发布到部门协调联动等各个环节进行全方位演练。在演练过程中，新员工在经验丰富的应急处置专家指导下，学习如何快速组建应急处置小组、制定现场处置方案、合理调配资源以及与其他部门（如医疗机构、社区卫生服务中心等）进行有效沟通协作。

培训方式采用课堂集中授课、实验室实操训练、现场模拟演练以及案例研讨分析相结合的多元模式。例如，在微生物检测技术培训中，新员工先在实验室接受理论知识讲解，了解各种微生物检测仪器（如 PCR 仪、微生物培养箱等）的工作原理、操作流程与维护要点；然后在实验员的指导下，进行实际操作训练，从样本采集、处理、接种培养到结果判读，严格按照标准操作规程进行练习，并对实验过程中出现的问题进行及时分析与解决。通过系统培训，新员工在入职后的前三个月内，在实际工作中的操作失误率平均降低了 30%~40%，能够更为迅速地独立承担各类疾病预防控制任务，如传染病疫情监测、免疫规划实施、环境卫生监测等，有效提升了工作的质量与效率，为保障公众健康提供了有力的人力支持。

二、社会化活动内容与实施方式

（一）导师制

为每位新入职的员工精心挑选导师，导师均为在疾病预防控制领域拥有深厚专业造诣、丰富实践经验且在科研或业务工作方面取得显著成果的资深专家或业务骨干。在导师匹配环节，人事部门会深入分析新员工的教育背景、专业特长以及职业发展意向，从导师库中筛选出与之最为契合的导师。例如，对于具有医学检验专业背景且对病毒检测方向表现出浓厚兴趣的新员工，安排在病毒学研究与检测领域有着丰富经验、主持过多项病毒检测科研项目并开发出新型检测技术的导师进行指导。

在实施过程中，导师与新员工每周安排一次深度交流会议，初期交流时间不少于 90 分钟，随着新员工专业技能与工作经验的逐步积累，后续可调整为每两周一次交流，每次交流时间不少于 60 分钟。交流内容全方位覆盖工作的各个层面，从具体业务工作中的技术难题解答，如在新型病毒核酸检测过程中遇到的引物设计问题、样本中杂质干扰检测结果的排除方法等，到职业发展规划的精细指导，例如依据新员工的综合能力与兴趣倾向，为其规划是朝着病毒检测技术的深度研发方向发展，成为行业内顶尖的检测技术专家，还是向疾病预防控制项目管理与团队领导方向转型，负责重大公共卫生项目的策划与实施等不同的成长路径。

例如，一位新入职员工对寄生虫病防控工作充满热情，但在初期参与寄生虫病现场调查项目时，对于寄生虫样本的采集方法、保存条件以及现场快速检测技术的应用存在诸多困惑。导师凭借自身多年在寄生虫病防控领域的实践经验，带领新员工深入寄生虫病流行地区，实地示范不同类型寄生虫样本（如血液寄生虫、肠道寄生虫等）的采集技巧，详细讲解针对不同寄生虫样本的最佳保存条件及运输方式，同时演示多种寄生虫现场快速检测技术（如免疫层析试纸条检测、显微镜直接镜检等）的操作要点，并结合实际案例分析各种检测技术的优缺点及适用场景。通过多次现场实操指导与案例复盘分析，该新员工迅速掌握了关键技术要点。在后续独立负责的小型寄生虫病监测项目中表现出色，不仅监测数据的准确性达到了 97% 以上，而且能够依据监测结果精准判断寄生虫病的流行趋势与传播风险，为当地制定针对性的寄生虫病防控策略提供了有力依据，极大地提升了其工作效能与专业素养。统计数据显示，在实施导师制的新员工群体中，约 88% 的人员表示在入职后的一年内，自身独立解决复杂业务技术问题的能力有了显著提升，在各类疾病预防控制项目中的贡献度也明显提高，有力推动了整个单位的业务发展进程。

（二）团队建设活动

团队建设活动旨在强化新员工与单位组织文化的深度融合，增进与团队成员之间的紧密协作关系，提升团队整体的凝聚力与战斗力。活动形式丰富多元且紧密围绕疾病预防控制工作特色精心设计。

定期组织公共卫生科普宣传活动，选取一些社区、学校或企业作为宣传阵地，新员工与老员工共同组成科普宣传小组。在活动准备阶段，小组内成员共同策划宣传主题与内容，如针对学校学生群体设计"传染病防控小卫士"主题宣传活动，内容涵盖常见传染病（如流感、水痘等）的传播途径、预防方法（如勤洗手、保持社交距离、接种疫苗等）以及在学校环境中如何开展疫情防控等知识要点；针对社区居民设计"健康生活与慢性病预防"主题宣传活动，包括高血压、糖尿病等慢性病的发病危险因素、早期症状识别、健康生活方式（合理饮食、适量运动、戒烟限酒等）的养成以及定期体检的重要性等内容。在宣传过程中，新员工负责资料发放、现场讲解以及与受众互动交流等工作，老员工则从旁协助，及时补充专业知识并分享以往宣传工作中的经验与技巧。通过这样的活动，新员工不仅能够深入了解公众对疾病预防知识的需求，提高自身的沟通表达能力，还能深刻体会到团队协作在公共卫生教育工作中的重要性，同时也进一步增强了对单位致力于提升公众健康素养使命的认同感。

此外，还积极开展疾病防控案例分析大赛、公共卫生技能大比拼等富有挑战性与专业性的活动。以疾病防控案例分析大赛为例，将新老员工混合编组，大赛案例选取真实的疾病预防控制案例，如某地区食物中毒事件的调查与处置、传染病疫情的暴发与防控等。各小组需要对案例进行深入剖析，从事件发生的背景、流行病学调查过程、病因确定方法、采取的防控措施及其效果评估等多个方面进行全面分析，并制作成 PPT 进行汇报展示。在准备过程中，小组成员分工合作，有的负责收集案例相关资料、有的进行数据分析与整理、有的撰写汇报文案、有的设计 PPT 展示效果等。通过这样的活动，新员工能够迅速融入团队氛围，显著加强与其他成员之间的沟通互动频率与质量，同时也进一步巩固和提升了自身的疾病预防控制专业知识与技能水平。据赛后的问卷调查结果反馈，约 95% 的新员工认为自己与同事之间的关系更加和谐融洽，对单位文化的认同感与归属感也更为强烈，在后续参与的疾病预防控制项目中，团队成员之间的沟通协作效率平均提高了20%~30%，有效减少了因信息传递不畅或协作不协调导致的工作延误情况，切实提升了整体工作效能。

（三）学术交流活动

学术交流活动对于疾病预防控制事业单位的新员工而言，是拓宽专业视野、紧跟行业前沿技术动态、深度融入学术交流圈子的重要途径。单位定期举办内部学术论坛，邀请国内外知名公共卫生专家、学者以及行业资深技术人员前来分享最新的疾病预防控制技术创新成果、研究方法突破以及前沿理论发展趋势等内容。新员工在论坛现场拥有与专家们直接面对面交流互动的宝贵机会，能够充分提出自己在工作与学习过程中遇到的疑问和思考见解，这种近距离的深度交流接触能够使他们快速汲取最新的学术知识与行业信息，及时了解疾病预防控制领域的发展动态与趋势方向。

例如，在一次内部学术论坛上，邀请了国际知名的流行病学专家分享关于全球传染病流行趋势与防控策略的最新研究成果。专家详细介绍了新型冠状病毒在全球范围内的传播动态、变异情况以及不同国家和地区采取的防控措施及其效果评估，同时对未来传染病防控面临的挑战与机遇进行了深入分析。新员工们在聆听报告后，积极提问，就病毒传播模型的构建、防控措施的优化以及如何加强全球合作等问题与专家展开了热烈讨论。通过这样的交流互动，新员工们不仅拓宽了自己的知识面，还对传染病防控工作有了更深入的思考。

同时，单位积极鼓励并大力支持新员工参与外部的各类公共卫生学术会议、专业技术研讨会以及国际合作项目交流活动等。为新员工提供充足的经费支持以及全面的参会指导服务，包括协助新员工精心准备学术论文、完善发言展示材料、打磨演讲表达技巧等。例如，一位新员工在研究慢性病与环境因素关系方面取得了一定的成果，并撰写了相关研究论文，计划在国际公共卫生与环境健康研讨会上进行交流展示。单位迅速组织其导师团队与相关科研专家，共同协助该新员工对论文内容进行深度优化完善，从研究设计的合理性验证、数据结果的深入分析到论文写作风格的国际化调整等多个方面进行细致指导；同时，邀请专业的英语演讲培训师对其进行一对一的发言技巧培训，包括如何在国际舞台上清晰准确地表达专业观点、如何运用恰当的肢体语言和眼神交流增强演讲的感染力与说服力等。

通过这样的全方位支持，该新员工在国际研讨会上成功展示了自己的研究成果，并与来自世界各地的同行专家展开了深入广泛的讨论交流，不仅提升了自身在国际公共卫生学界的知名度与影响力，更重要的是带回了一系列新的思路、理念与技术方法，并积极应用到实际工作中，有力推动了单位在疾病预防控制技术创新与科研水平提升方面的持续发展。据统计数据表明，积极参与外部学术交流活动的新员工，在一年内提出创新性疾病防控技术思路或方法改进建议的概率比未参与的员工高出约 40%，这对于全面提升整个单位的科研创新能力与工作效能产生了极为积极的促进作用。

第四章　员工培训与发展：效能增值的关键路径

第一节　培训需求分析与计划制定对效能提升的精准定位

一、员工问卷调查精细设计：聆听员工内心诉求

为深入了解员工的培训需求，某市中心医院精心设计了员工问卷调查。问卷内容涵盖多个板块，结构严谨且具有针对性。

员工基本信息板块，包括所在科室、职称、工作年限、学历背景等。这有助于分析不同背景员工的培训需求差异。例如，新入职员工可能更需要基础理论知识和基本技能培训，而高年资员工则可能更关注学科前沿知识更新和科研能力提升培训。

专业知识与技能板块，针对医生群体，设置了对本专业疾病诊疗指南更新掌握程度的问题，如"您是否熟悉最新版的（专业疾病名称）诊疗指南？（A. 非常熟悉，B. 基本熟悉，C. 了解一些，D. 完全不了解）"以及对新技术应用能力的自我评估，如"您是否能够独立开展（某项新技术名称）操作？（A. 能够熟练开展，B. 可以在指导下开展，C. 仅了解理论知识，D. 完全不了解）"对于护理人员，问卷涉及对护理操作规程的熟练程度、对新型护理设备使用能力以及对患者心理护理知识掌握情况等问题。例如，"您在使用（新型护理设备名称）时，是否能够熟练操作其各项功能？（A. 完全熟练，B. 基本熟练，C. 有些功能不熟悉，D. 完全不会）"。

职业发展期望板块，让员工明确表达自己未来的职业规划方向，如是否希望晋升为科室主任、学科带头人，或者在科研、教学等方面取得突出成就。同时，询问员工认为实现这些职业目标需要在哪些方面得到培训支持，如"您

认为若要晋升为科室主任，您最需要培训提升的能力是（可多选，如团队管理能力、医疗资源调配能力、学科建设规划能力等）”。

培训形式偏好板块，提供多种培训形式供员工选择并排序，包括国内学术会议交流、国外进修学习、院内专题讲座、科室内部业务学习、在线学习课程等。例如，“请您对以下培训形式按照您的偏好程度进行排序（1 为最喜欢，依次类推）：国内学术会议交流、国外进修学习、院内专题讲座……”

通过对全院员工的问卷调查和统计分析，发现不同科室、不同职称的员工培训需求呈现出明显的多样性和个性化特征。例如，外科医生对新型手术器械操作培训和术后快速康复理念与实践培训需求较高；内科医生则更关注慢性病管理新方法和精准医疗知识培训；护理人员普遍希望加强护理应急预案演练培训和护理科研基础知识培训。

二、岗位技能要求精准评估：明晰岗位能力准则

在某市中心医院，不同岗位的技能要求差异显著，精准评估这些要求是构建科学培训计划的关键。

对于临床医生岗位，依据国家医疗卫生行业规范、医院医疗质量控制标准以及学科发展需求，明确其应具备扎实的医学专业知识，包括解剖学、生理学、病理学、药理学等基础知识的精通，以及对本专业疾病诊疗规范的深入理解和熟练应用。例如，心内科医生必须熟练掌握心血管疾病的诊断标准、治疗方案选择原则以及各种心血管药物的使用方法。在临床技能方面，要求医生具备熟练的体格检查技能、各种穿刺技术（如胸腔穿刺、腹腔穿刺等）、手术操作技能（根据不同科室要求）以及对危急重症患者的抢救能力。通过实际技能考核发现，约 18% 的医生在复杂心律失常的心电图诊断方面存在困难，约 22% 的医生在某些高难度手术操作（如心脏介入手术中的复杂病变处理）的熟练度和精准度上有待提高。

对于护理岗位，按照护理操作规程和优质护理服务标准，护士应具备基础护理技能，如生命体征测量、注射技术、伤口护理等的熟练操作能力。同时，还需具备良好的患者病情观察能力、护理文书书写规范能力以及与患者和家属的有效沟通能力。在专科护理方面，不同科室的护士有不同的技能要求。

例如，重症监护室护士需要熟练掌握各种监护仪器的使用和数据解读，如心电监护仪、呼吸机等；手术室护士则要熟悉各种手术器械的名称、用途和传递方法，以及手术配合流程。实际评估中，约 25% 的普通病房护士在对患者病情变化的早期识别和应急处理方面能力不足，约 15% 的手术室护士在应对手术突发状况时的团队协作和应急反应速度需要提升。

对于医疗技术岗位，如检验师岗位，要求具备检验仪器设备的熟练操作和维护能力，包括全自动生化分析仪、血细胞分析仪等大型设备。同时，要熟悉各种检验项目的原理、操作流程、质量控制方法以及检验结果的准确解读和报告规范。经评估，约 30% 的检验师在新开展的检验项目（如基因检测项目）的操作和结果分析方面需要加强培训；约 10% 的检验师在检验仪器设备的日常维护和故障排除方面存在知识和技能短板。

第二节　培训方法与技术创新应用对效能提升的突破

一、传统培训方法的深度审视：内在局限与实际影响

（一）课堂讲授的固有弊端

课堂讲授在事业单位培训中长期占据重要地位，但随着培训需求的日益多元化和精细化，其局限性愈发显著。

以某省市级事业单位举办的大型政策解读与业务知识培训讲座为例，培训场地为能容纳 200 人的会议室，培训时长设定为 1 天，中间仅安排了两次 15 分钟的短暂休息。讲师依据事先准备好的 PPT 课件，按照固定的顺序和节奏进行讲解，缺乏对学员即时反馈的有效捕捉机制。

从学员的专注度变化曲线来看，培训开始后的第一个小时内，约 65% 的学员能够保持较高的专注度，认真记录笔记并跟随讲师的思路。然而，到了第 2 个小时，由于长时间的被动听讲以及内容的逐渐深入和复杂，专注度下降至 40% 左右，部分学员开始出现注意力分散的现象，如玩手机、交头接耳或者眼神游离。进入第 3 个小时，专注度进一步下滑到 20% 左右，此时仅有

少数对该主题极为感兴趣或者自我约束力较强的学员仍能集中精力听讲。

从知识吸收效果评估方面来看，培训结束后的一周内进行了一次知识测验，结果显示学员对培训内容的平均掌握率仅为40%。其中，对于一些需要深入理解和灵活运用的关键知识点，如政策中的特殊条款解读以及业务流程中的复杂环节处理，掌握率更是低至20%~30%。这主要是因为课堂讲授过程中，讲师与学员之间的互动交流严重不足，学员缺乏主动思考和提问的机会，难以将新知识与自身已有的知识体系和工作经验进行有效融合，从而导致知识的留存率和转化率较低。

（二）案例分析的实践困境

案例分析作为一种旨在提升学员实际问题解决能力的培训方法，在实施过程中也面临诸多挑战。以某事业单位针对项目管理能力提升开展的案例分析培训为例，培训组织者选取了10个具有代表性的项目案例，涵盖了项目启动、规划、执行、监控和收尾等各个阶段的不同类型问题。

在案例讨论环节，将50名学员分成了10个小组，每组5人。然而，实际讨论过程中发现，由于学员的专业背景、工作经验和思维方式存在较大差异，导致讨论的深度和广度参差不齐。部分小组由于缺乏具有丰富项目管理经验的核心成员引领，讨论往往停留在表面现象的描述和简单的问题识别上，难以深入挖掘案例背后的深层次原因和潜在解决方案。例如，在分析一个因沟通不畅导致项目进度延误的案例时，一些小组仅仅指出了沟通环节存在问题，但无法提出具体的改进措施，如建立有效的沟通机制、明确沟通渠道和沟通规范等。

另外，案例的时效性和适用性也对培训效果产生了较大影响。随着市场环境、技术发展和管理理念的快速更新，部分案例所反映的情况与当前实际工作场景存在一定的脱节。学员反馈调查显示，约30%的学员认为案例中的一些解决方案在当前的政策法规和技术条件下已不再可行，约20%的学员表示案例中的项目规模和复杂程度与自己日常所接触的工作项目差异较大，难以将案例经验直接应用到实际工作中。

二、新兴培训技术的全面解析：独特优势与应用前景

（一）在线学习平台：构建个性化学习生态

以行业内知名的某在线学习平台为例，其为事业单位培训提供了丰富多样的功能和资源。该平台整合了来自国内顶尖高校、专业培训机构以及行业专家的海量课程资源，课程分类涵盖了行政管理、专业技术、法律法规、人文素养等多个领域，共计超过 10 万门课程，且课程数量每月以约 5% 的速度持续增长。

在某事业单位的应用实践中，平台根据员工的岗位职能、学历背景、培训历史记录等多维度数据，为每位员工生成个性化的学习推荐方案。例如，对于一位从事财务工作且具有中级会计职称的员工，平台优先推荐高级财务管理课程、最新会计准则解读课程以及财务风险管理等相关课程。员工可以根据自己的工作安排和学习进度，灵活选择在电脑端、手机端或者平板端登录平台进行学习。平台具备智能学习进度跟踪功能，能够实时记录员工的学习时长、课程完成情况、作业提交与批改结果等信息，并根据这些数据动态调整学习推荐内容。

平台统计数据显示，在该事业单位引入某课堂企业版平台后的半年内，员工的平均学习时长从之前传统培训模式下的每月 3 小时提升至 10 小时，学习课程的完成率从 40% 提高到了 60%。同时，通过对员工培训前后的专业知识测试对比发现，员工在核心专业知识领域的得分平均提升了 25 分（满分 100 分），充分彰显了在线学习平台在提升学习效率和知识掌握程度方面的显著优势。

（二）微学习：契合碎片化学习需求

微学习以其简洁高效的特点，在事业单位培训领域展现出独特的价值。以“喜马拉雅企业大学”平台提供的微学习课程为例，其将各类知识和技能内容拆解为时长在 5~8 分钟的微小学习单元，每个单元聚焦一个特定的、独立的知识点或技能点。

例如，在公文写作培训方面，微课程涵盖了公文标题的拟定技巧、正文结构的搭建方法、不同文种的写作规范、语言表达的准确性与精炼性提升等多个主题。员工可以在日常工作的碎片化时间里，如在乘坐公交地铁上下班途中、等待会议开始的间隙或者午休前的短暂时间内，通过手机 App 轻松收听或观看这些微课程。

以某事业单位 200 名员工参与公文写作微学习培训为例，经过为期两个月的培训实践，员工在公文写作能力测评中的平均得分从培训前的 60 分提高到了 75 分（满分 100 分）。其中，在公文标题的准确性和吸引力方面，提升效果尤为明显，约 70% 的员工能够根据培训所学，拟定出符合规范且富有创意的公文标题，较培训前提高了 40%。这主要得益于微学习课程内容的高度聚焦性和简洁性，使得员工能够在短时间内集中精力掌握关键要点，并且通过多次碎片化学习的积累，逐步构建起完整的知识和技能体系。

三、培训方法与技术的融合之道：精准匹配与效能优化

（一）专业技能深化培训：线上理论奠基＋线下实操强化

1. 案例背景与目标设定

某市级水利事业单位，肩负着区域内水利工程规划、设计、建设与管理的重要职责。随着水利行业数字化转型加速，对员工的地理信息系统（GIS）应用技能提出了更高要求。为提升员工在水利工程领域的 GIS 专业技能水平，使其能够熟练运用 GIS 技术进行水利资源分析、洪水模拟预测、水利设施布局优化等工作，特制定本次融合式培训计划。

2. 线上理论学习阶段

（1）课程平台与资源选择

选用在高校与企业培训中广泛应用，拥有丰富的专业课程资源的平台。在这些平台上筛选出一套由国内知名地理信息专家团队录制的 GIS 基础与进阶课程，课程内容涵盖地理信息数据采集与处理、空间分析原理、地图制图规范以及水利行业 GIS 应用案例解析等多个模块，总时长约为 80 个小时。

（2）学习计划与进度跟踪

将培训周期设定为两个月，要求员工每周至少完成10小时的课程学习。学习通平台为每位员工建立独立学习档案，记录学习轨迹，包括视频观看时长、章节测验答题情况、课后作业提交与批改记录等。例如，在数据采集与处理模块学习完成后，员工需参加线上限时测验，题型包括单选题、多选题与简答题，主要考查对数据采集设备操作要点、数据格式转换方法以及数据质量控制标准的掌握程度。若测验成绩未达到80分，则需重新学习该章节内容并再次参加测验。通过这种方式，确保员工扎实掌握理论知识。据统计，在完成全部线上理论课程学习后，员工在平台自动生成的理论知识综合测试中，平均成绩达到了88分（满分100分），相比以往单纯依靠线下集中授课后的测试成绩提升了约35分。

3. 线下实操强化阶段

（1）实训场地与设备准备

单位内部专门设立了GIS实训中心，配备了20台高性能计算机，每台计算机均安装了行业主流的ArcGIS、MapInfo等地理信息软件，并配备了高精度的数字化绘图仪、扫描仪等硬件设备，以满足员工进行水利工程相关的地理信息数据处理与分析的实操需求。

（2）师资与实操项目安排

邀请了来自水利部直属科研机构的资深GIS专家作为线下实操培训的主讲教师。教师首先以本地某大型水利枢纽工程为案例，进行为期三天的集中演示教学。从该工程的原始地形数据导入开始，逐步演示如何利用GIS软件构建数字高程模型（DEM），进行流域水系提取、淹没分析以及水利设施选址的空间分析操作，并详细讲解每个步骤中的参数设置依据、常见问题及解决方法。演示结束后，将40名参训员工分成8个小组，每组5人，为每个小组分配一个真实的小型水利工程前期规划项目任务，要求他们在两周内利用所学知识完成从数据收集整理到最终生成水利工程选址可行性分析报告及相关专题地图的全部工作。

在小组实操过程中，专家教师与单位内部的技术骨干组成指导团队，在实训中心进行现场巡回指导。例如，在某小组进行洪水淹没模拟分析时，由于对模型边界条件设置不准确，导致模拟结果出现较大偏差。指导教师及时发现问题，与小组成员一起重新梳理数据，讲解边界条件对模拟结果的影响机制，并指导他们重新设置参数，最终得到了合理的模拟结果。

（3）实操考核与成果评估

两周后，各小组提交项目成果，包括详细的可行性分析报告、专题地图以及项目过程中的数据处理记录与分析文档等。考核评估团队由外部专家、单位领导与技术部门负责人组成，从项目成果的完整性、准确性、创新性以及团队协作表现等多个维度进行量化评分。考核结果显示，小组平均成绩为92分（满分100分），其中最高分为98分，最低分为85分。员工们反馈，线上理论学习使他们在面对复杂的实操任务时能够迅速理解操作背后的原理，减少了盲目尝试的时间；线下实操则让他们将抽象的理论知识转化为实际操作能力，并且在团队协作过程中学会了如何整合不同成员的优势，提高了工作效率。有员工表示："这种线上线下结合的培训模式非常实用，线上学习让我可以根据自己的节奏掌握理论知识，线下实操又有专家手把手指导，遇到问题能及时解决，让我对GIS技术在水利工程中的应用有了全方位的提升。"

（二）综合素养提升培训：微学习铺垫＋课堂互动深化

1. 案例背景与目标设定

某区属文化事业单位，主要从事文化活动组织策划、文化遗产保护与文化宣传推广等工作。随着文化事业的蓬勃发展，对员工的综合素养，尤其是沟通表达、团队协作与文化创意能力提出了更高要求。为全面提升员工在这些方面的综合素养，以更好地适应文化事业发展的新形势，特开展本次融合式培训活动。

2. 微学习铺垫阶段

（1）微学习平台与课程设计

采用拥有海量的电子书籍资源，并支持音频阅读功能的学习平台，方便员工利用碎片化时间学习。针对本次培训目标，精心挑选了一系列关于沟通技巧、团队协作理论、文化创意案例分析等方面的电子书籍，并将其中的关键知识点制作成时长在3~6分钟的音频微课程，共计50节微课程。例如，在沟通技巧微课程中，包含了如何有效开场、如何倾听与反馈、如何处理沟通中的冲突等内容；在文化创意微课程中，涵盖了国内外知名文化活动的创意策划思路、文化遗产创新保护与开发案例等。

（2）学习管理与效果监测

培训周期设定为 1 个月，要求员工每周至少完成 12 节微课程的学习。员工在听完每节微课程后，需要在平台上完成一个简单的选择题或简答题，以检验对知识的掌握程度。平台自动记录员工的学习进度和答题情况，培训组织者可随时查看统计数据。据统计，员工对微课程的平均完成率达到了 95%，平均答题正确率为 85%。通过微学习，员工在日常工作中的沟通主动性明显增强，在组织文化活动时与团队成员之间的沟通效率有所提高。例如，在一次文化活动策划讨论会上，以往员工之间可能会因为意见不合而产生争执，但经过微学习后，员工们开始更多地运用倾听与反馈技巧，能够更加理性地表达自己的观点，据参会人员反馈，会议沟通效率较之前提升了约 30%。

3. 课堂互动深化阶段

（1）课堂教学设计与实施

在为期 3 天的课堂培训中，将 60 名员工分成 12 个小组，每组 5 人。培训第 1 天上午，由专业培训讲师进行沟通与团队协作理论知识的系统讲解，通过 PPT 演示、视频案例分析等方式，深入剖析沟通模型、团队发展阶段理论以及高效团队的特征等内容。下午则进行团队建设拓展游戏，如“盲人方阵”“驿站传书”等，通过游戏让员工亲身体验团队协作的重要性，增强团队凝聚力。培训第 2 天，开展沟通技巧实战演练，设置了模拟新闻发布会、文化项目洽谈会等场景，让员工分组进行角色扮演，并由其他小组和讲师进行现场点评。例如，在模拟新闻发布会场景中，员工们需要扮演新闻发言人、记者、主持人等角色，面对各种提问进行即时回应。在这个过程中，员工们能够将微学习阶段学到的沟通技巧应用到实际场景中，同时也从其他成员的表现和点评中学习到更多的经验。培训第 3 天，围绕文化创意主题进行小组头脑风暴与方案设计竞赛。讲师给定一个文化活动主题，如“传统节日文化创新推广活动”，各小组在规定时间内进行创意构思、方案设计，并制作成 PPT 进行展示汇报。在头脑风暴过程中，鼓励员工打破常规思维，充分发挥想象力，提出新颖独特的创意点子，并结合团队协作将创意转化为可行的活动方案。

（2）培训效果评估与反馈

培训结束后，通过问卷调查、小组互评和上级评价相结合的方式对员工的综合素养提升效果进行评估。问卷调查主要了解员工对培训内容、培训方式的满意度以及自我感觉在沟通、团队协作和文化创意能力方面的提升程度；小组互评则侧重于评价其他小组成员在团队协作过程中的表现、沟通能力以及创意贡献；上级评价主要依据员工在实际工作中的表现变化进行综合评定。评估结果显示，员工在沟通能力方面的平均得分从培训前的 68 分提升到了 82 分（满分 100 分），团队协作能力方面的得分从 70 分提升到了 88 分，文化创意能力方面的得分从 65 分提升到了 78 分。员工们普遍反映，微学习为课堂互动培训奠定了良好的知识基础，使他们在课堂上能够更加自信地参与各种互动环节，而课堂互动则将微学习的知识进一步深化和拓展，让他们真正掌握了沟通协作和文化创意的技能，在实际工作中的文化活动组织策划更加顺利，团队氛围更加和谐融洽。

（三）管理能力进阶培训：案例分析先导＋在线学习拓展

1. 案例背景与目标设定

某省级交通事业单位，负责全省交通基础设施建设、运输管理与交通规划等工作。随着交通行业的快速发展和管理理念的不断更新，对管理人员的项目管理、战略决策与资源整合能力提出了更高要求。为提升管理人员在这些方面的管理能力，打造一支高素质的交通管理人才队伍，特制定本次融合式培训方案。

2. 案例分析先导阶段

（1）案例选取与资料准备

培训组织者从国内外交通行业精心挑选了 10 个具有代表性的管理案例，涵盖交通工程建设项目管理（如大型桥梁建设项目的进度、成本与质量控制）、交通运营管理（如城市公交系统优化与资源整合）以及交通战略规划（如区域交通一体化发展战略制定与实施）等不同领域。每个案例都编写了详细的案例资料，包括项目背景、管理目标、面临的挑战与问题、采取的管理措施以及最终的结果与经验教训等内容，并制作成案例分析手册发放给每位参训管理人员。

（2）案例分析流程与组织形式

将 50 名参训管理人员分成 10 个小组，每组 5 人。每个小组分配一个案例，要求他们在三天内对案例进行深入剖析。首先，小组成员各自独立阅读案例资料，梳理案例中的关键信息，并初步分析问题产生的原因和可能的解决方案。其实，进行小组集中讨论，每位成员分享自己的分析结果，通过头脑风暴的方式，进一步挖掘案例中的深层次问题，探讨不同解决方案的优缺点。例如，在分析一个城市轨道交通建设项目因征地拆迁困难导致进度延误的案例时，小组成员从政策法规、利益相关者协调、项目前期规划等多个角度进行了深入探讨，提出了一系列针对性的改进措施，如建立健全征地拆迁补偿机制、加强与地方政府和社区的沟通合作、优化项目线路规划以减少拆迁量等。最后，在小组讨论结束后，每个小组需要撰写一份案例分析报告，包括案例概述、问题分析、解决方案建议以及对本单位交通管理工作的启示等内容，并制作成 PPT 在全体学员面前进行汇报展示。汇报过程中，其他小组和培训讲师可以进行提问与质疑，这种方式可以促进学员之间的思想碰撞和经验交流。据学员反馈，通过案例分析，他们对交通行业管理的复杂性和多样性有了更深刻的认识，学会了从不同角度思考管理问题，并且在实际工作中遇到类似问题时能够迅速借鉴案例中的经验教训，制定出有效的解决方案。

3. 在线学习拓展阶段

（1）在线学习平台与课程资源

借助在线学习平台的丰富课程资源，为管理人员提供管理能力提升的在线学习课程。平台上有知名高校开设的交通管理相关课程，如交通项目管理高级课程、交通战略规划与决策分析、交通资源整合与优化管理等课程。这些课程内容涵盖了交通行业管理的前沿理论、先进方法与最佳实践案例，课程形式包括视频讲座、在线文档阅读、案例分析讨论以及课后作业与测验等。

（2）学习路径与学习支持

根据管理人员在案例分析阶段暴露的知识短板和能力提升需求，为每位学员制定个性化的在线学习路径。例如，对于在项目成本管理方面存在不足的学员，推荐其重点学习交通项目成本估算与控制方法、项目风险管理与成本关联分析等课程模块；对于在交通战略规划方面需要提升的学员，引导其学习区域交通发展趋势分析、交通战略规划模型与方法等课程内容。在学习过程中，学员可以通过平台的在线论坛与其他学员交流学习心得，分享学习资源，共同解决学习中遇到的问题。同时，单位还安排了内部的管理专家作为在线学习导师，定期对学员的学习情况进行跟踪指导，解答学员在学习过程中的疑难问题，批改学员的课后作业与测验，并根据学员的学习进度和掌握程度调整学习计划。

（3）学习效果评估与应用反馈

经过三个月的在线学习拓展后，学员参加了由平台与单位内部共同组织的管理能力综合测试。测试内容包括交通管理理论知识、案例分析应用能力以及战略决策与资源整合思维等多个方面。测试结果显示，学员在管理知识掌握程度方面的平均得分从培训前的 72 分提高到了 86 分（满分 100 分），在实际负责的交通管理项目中，项目按时完成率从之前的 75% 提高到了 85%，成本控制在预算范围内的比例从 65% 提高到了 75%，项目的整体绩效得到了显著提升。学员们表示，案例分析为在线学习提供了明确的方向和重点，使他们能够有针对性地学习，弥补自己的知识和能力短板；而在线学习则拓宽了他们的管理视野，提升了他们在交通管理中的专业素养和创新能力，为更好地应对复杂多变的交通管理工作提供了有力支持。

第三节　职业发展路径规划与激励对效能的长效驱动

一、职业发展路径框架构建：多元路径契合组织需求

在构建职业发展路径框架时，需充分考虑组织的层级体系、业务运转需求及个人专业成长规律，以实现多元路径与组织需求的契合。以某大型综合性医院和某省级科研院所为例，管理晋升路径与专业技术发展路径得到了明确规划与有效实施。在医院，管理晋升路径紧密围绕医疗护理、质量管理、医疗资源配置等核心职能展开，从科室护士长、科室主任到护理部主任、医务处处长，直至副院长、院长，每个岗位均设定了具体的临床实践经验、团队管理潜力、学术影响力、医疗资源调配能力等多元化晋升标准，确保管理人员能够胜任更高层次的管理与决策工作。同时，在科研院所，专业技术发展路径则依据科研项目的规模、难度及成果影响力层级设定，从助理研究员、副研究员到研究员、首席科学家，每个层级都明确了科研任务承担、学术成

果发表、科研项目主持等具体要求，激励科研人员不断提升自身的学术造诣与科研能力。这两条路径既相互独立又相互补充，共同构成了组织内部完整而多元的职业发展体系，既满足了组织对管理人才与专业人才的需求，也为员工的个人成长与职业发展提供了广阔的空间与明确的方向。

二、激励机制与职业发展路径的联动关系

激励机制与职业发展路径在事业单位中存在着紧密的联动关系，共同推动着员工的成长与组织的进步。以某金融类事业单位为例，其薪酬激励体系与职业发展路径深度融合，管理岗位和技术岗位的薪酬均与业绩、贡献和技术职称直接关联，通过设立基本工资、岗位绩效工资、年终奖金以及科研成果奖励等多种薪酬激励措施，有效激发了员工的工作积极性和创造力。同时，在某教育类事业单位中，晋升激励成为员工职业发展进程中的关键导向。从普通教师到学科教研组长、教导主任，再到副校长或校长，每一个晋升阶段都设定了明确的工作年限、教学质量、管理能力、团队建设成果以及教育创新理念等多元化评审标准，确保晋升机制能够全面、公正地评价员工的表现，激励他们在教学与管理两方面均衡发展。此外，荣誉激励在员工职业发展中也发挥着不可或缺的作用。以某文化类事业单位为例，通过设立“文化传承楷模”“文化创新先锋”和“文化教育之星”等荣誉称号，对在文化遗产保护、文化创新与文化教育普及等方面有突出贡献的员工进行表彰和奖励，不仅增强了员工的职业成就感与使命感，还在单位内部及文化行业内树立了榜样，激发了全体员工的创新热情与工作积极性。

第五章 绩效管理与评估：效能衡量与优化的核心环节

第一节 以效能为中心的绩效管理体系设计与高效实施

一、以效能为中心的绩效管理体系框架

在构建事业单位的绩效管理体系时，将组织战略目标精准分解至部门及个人是核心环节。以某省公共卫生研究院为例，其战略目标明确为提升科研能力、参与政策制定、成为领先机构及推动国际合作。通过战略地图工具，从财务、客户、内部流程、学习与成长四个维度细化目标至部门。科研部门需确保科研经费高效利用，为政府部门提供高质量政策建议，为医疗机构提供专业培训，优化项目管理流程，建立数据共享平台，并鼓励科研人员参与学术会议及专业培训。行政与后勤部门则需控制行政成本，提供高效服务，优化办公流程，提升行政人员能力。

在此基础上，部门目标需细化至个人层面，结合岗位职能与工作任务。例如，科研部门的项目研究员需严格控制科研项目预算，与外部合作机构保持顺畅沟通，遵循科研项目操作规范，并积极参与科研技能培训。行政部门的行政专员则需控制采购成本，为内部员工提供准确信息咨询服务，高效处理文件收发及档案管理，并参加行政管理相关培训课程。

在绩效指标选择方面，工作质量和工作效率是关键。工作质量方面，如某省地质勘查研究院需确保矿产储量估算误差率控制在一定范围内，通过先进技术和严格审核机制保障专业成果的精准度与权威性。某省社会保障服务中心则要求业务办理准确率高，服务态度好，操作规范且信息保密，确保服务品质的卓越性与合规性。工作效率方面，如某省政务数据管理中心需确保

数据采集与整合的时效性与紧凑性，通过高效的数据采集网络、自动化的数据传输系统及智能化的数据清洗与整合算法提高工作效率。某省国有林场则需合理规划采伐区域与人员设备，采用先进采伐技术，提高资源运用的高效性与合理性。

二、绩效管理体系的高效实施：以某省环境监测中心为例

（一）绩效数据收集方法

1. 多源数据采集的精细化操作与保障机制

（1）自动化监测系统数据的精准采集与校验

某省环境监测中心构建的自动化环境监测网络系统覆盖全省，对大气、水、土壤等环境要素开展实时监测。以大气环境监测为例，在全省诸如省会城市、工业重镇等主要城市及工业区域布设有 50 余个空气质量监测站点。其中，位于省会城市的核心监测站点，配备了先进的 PM2.5、PM10、SO_2、NO_x、O_3 等污染物监测仪器，这些仪器均采购自国际知名环境监测设备制造商，如赛默飞世尔科技公司。监测数据每小时自动采集并传输至中心数据服务器。数据采集时，仪器的校准工作每周一上午 9 点准时进行，专业技术人员严格依照操作手册，使用标准二氧化硫气体对 SO_2 监测仪器校准。例如，在 2024 年 5 月 1 日的校准过程中，标准二氧化硫气体浓度设定为 50ppm，校准前仪器读数为 49.2ppm，误差值为 −0.8ppm，在允许范围内。若校准误差超出 ±2%，技术人员会依据设备故障排查指南，检查仪器的传感器、气路系统等关键部件，及时清洁、更换受损零件或重新调试参数，直至校准合格。数据传输采用银行级加密技术，数据传输成功率长期稳定在 99.95% 以上。数据接收端的自动校验机制，通过预设的数据校验算法，对传输数据的完整性和准确性进行验证。一旦发现数据丢失或异常，如 2024 年 6 月 15 日某站点因网络临时故障导致部分数据丢失，系统立即启动数据补发程序，补发次数不超过 3 次，若仍未成功则启动重新采集程序，保障数据的连续性和可靠性。

（2）人工监测与采样数据的规范收集与质量控制

针对部分无法通过自动化系统监测的环境指标或特定监测任务，采取人

工监测与采样方式。在水质监测方面，每月 5~15 日对全省主要河流、湖泊进行一次人工采样监测。采样团队由 20 名具备专业资质且经验丰富的采样人员组成，均持有国家环境监测总站颁发的水质采样资质证书。在对省内最大河流——黄河支流渭河的采样过程中，依据河面宽度和深度确定采样点数量和位置，河面宽度超过 500 米时，设置 5 个采样点，分别位于两岸近岸处、河流中心及两侧四分之一河面处；深度超过 10 米时，采用分层采样法，在水面下 0.5 米、河底上 1 米及中间等距设置 3 个采样层，分别采集水样。每个采样点采集的水样体积不少于 500 毫升，采样后立即将水样装入预先清洗、烘干并经严格质量检验的聚乙烯采样瓶，放入便携式冷藏箱，温度控制在 4℃ ±1℃，确保水样在运输过程中不受污染和变质。水样运输采用专门配备的冷藏运输车辆，车辆安装有实时温度监控装置，运输过程中每 30 分钟记录一次温度数据。实验室分析人员在接收水样后，首先对水样的外观、气味等进行初步检查，检查结果详细记录在《水样接收检查表》中。然后按照标准分析方法对水样中的化学需氧量（COD）、氨氮、总磷等指标进行测定。在分析过程中，每批次样品均进行空白试验、平行样测定和加标回收试验。例如，在 2024 年 7 月对渭河某采样点水样的 COD 测定中，空白试验值为 3mg/L，平行样测定相对偏差为 5%，加标回收率为 95%，均符合质量控制要求。若质量控制指标超出范围，则须对该批次样品进行重新分析，查找原因并采取纠正措施，确保监测数据的准确性和可靠性。

（3）外部数据与信息的整合与应用

除内部监测数据收集外，环境监测中心积极整合外部数据与信息资源。与省气象局建立数据共享机制，每日 8 点通过专用数据接口获取气象数据，包括气温、气压、风速、风向等信息。在分析 2024 年 8 月某城市大气污染状况时，结合当日风向为东南风、风速 3~5 米 / 秒的气象数据，判断污染物主要来源于城市东南部的工业园区，扩散范围主要集中在城市下风方向的居民区及商业区，为制定精准的污染防控措施提供依据。同时，中心安排专人关注国内外知名环保科研机构（如美国环保署研究中心、中国环境科学研究院等）、高校（如清华大学环境学院、斯坦福大学地球科学学院等）等外部研究成果，每月通过学术数据库检索、专业期刊订阅等方式收集与环境监测相关的最新研究报告、学术论文等信息。每季度末组织内部研讨会议，例如在 2024 年第三季度研讨会上，对来自清华大学环境学院关于新型环境污染物监测技术的研究论文进行深入学习和讨论，将其中的先进监测技术、分析方法引入到实际工作中，不断提升监测水平和数据质量。

2. 数据审核与验证的严谨流程与责任落实

建立了严格的三级数据审核与验证机制，确保绩效数据的准确性和真实性。

（1）一线监测人员自审

一线监测人员在完成数据采集和初步处理后，首先对自己所负责的数据进行自审。自审内容涵盖数据记录的完整性，如2024年9月10日对某区域土壤监测时，监测时间精确记录为9点30分至11点20分，地点详细记录为某县某镇某村农田，监测项目包括铅、镉、汞等重金属含量，监测结果精确到小数点后三位等信息是否齐全；数据的合理性，根据经验和环境状况判断数据是否在正常范围内，如在大气监测中，某时段PM2.5浓度突然异常升高，监测人员需检查仪器运行状态、周边环境是否有特殊情况（如2024年10月5日某监测点PM2.5浓度骤升，经检查发现是附近农田焚烧秸秆所致）；以及数据计算的准确性，对涉及数据计算的部分进行反复核对。自审完成后，监测人员需在数据记录表格上签字确认，对数据的真实性和准确性负责。例如，在一次土壤监测中，监测人员在完成采样和实验室分析后，检查数据记录发现某重金属含量数据小数点位置记录错误，及时进行了纠正，并在备注栏说明原因，签字确认后提交给上一级审核。

（2）科室负责人审核

科室负责人对本科室监测人员提交的数据进行审核。审核重点包括数据的规范性，检查数据格式、单位是否符合要求，如水质监测数据中化学需氧量单位必须统一为mg/L；数据的逻辑性，对比不同监测点、不同时段的数据，查看数据变化趋势是否合理，如相邻监测点的水质数据在同一河流上下游应呈现一定的相关性，2024年11月对某河流上下游两个监测点的氨氮数据进行审核时，发现上游监测点氨氮浓度为0.5mg/L，下游监测点为0.8mg/L，符合河流自然净化规律；以及与历史数据的对比分析，若数据出现较大波动或异常，需进一步核实原因。科室负责人审核通过后签字确认，若发现数据存在问题，则退回给监测人员进行重新检查和修正。例如，在大气监测数据审核中，科室负责人发现某区域连续几日 PM10 数据明显低于历史同期水平，经与监测人员沟通，了解到近期该区域周边道路施工减少，扬尘污染降低，同时检查仪器运行记录无异常后，签字确认数据有效。

（3）质量控制部门终审

质量控制部门作为数据审核的最后一关，对数据进行全面、深入的审核与验证。采用抽查与全查相结合的方式，每月对各科室提交的数据进行至少 30% 的抽查，每季度进行一次全查。审核内容包括数据采集与分析过程是否严格遵循标准操作程序（SOP），仪器设备是否经过校准且在有效期内，质量控制措施是否有效执行等。例如，在审核水质监测数据时，检查采样记录中的采样方法、保存条件是否符合 SOP，实验室分析仪器的校准证书是否齐全有效，空白试验、平行样测定和加标回收试验的原始记录是否完整且符合质量控制要求。若在终审中发现数据质量问题，质量控制部门将发出数据质量整改通知，明确指出问题所在、整改要求和期限，相关科室和责任人须在规定期限内完成整改，并提交整改报告。整改完成后，质量控制部门对整改情况进行复查，确保数据质量符合要求。如 2024 年 12 月在审核某批次土壤监测数据时，发现部分样品加标回收试验结果低于标准要求，质量控制部门发出整改通知，要求相关科室在 1 个月内重新分析该批次样品，查找原因并提交整改报告，整改完成后复查合格。通过严格的三级审核与验证机制，有效保障了环境监测数据的准确性和可靠性，为绩效管理提供了坚实的数据基础。

（二）绩效沟通机制建立

1. 绩效目标沟通：深度共识与目标锚定

在每个绩效周期开始前，环境监测中心组织召开绩效目标沟通大会。中心领导班子向全体员工详细解读本年度的组织战略目标和重点工作任务，如加强对重点污染源的监测监控力度、提升环境监测预警能力、推进环境监测信息化建设等目标。以提升环境监测预警能力为例，领导班子阐述了具体的目标要求，包括缩短污染事故监测响应时间，目标为在接到污染事故报告后 30 分钟内启动应急监测预案，监测人员和设备在 1 小时内到达现场开展监测工作；提高监测数据的时效性，要求主要污染物监测数据在采样后 2 小时内完成初步分析并上报，为环境应急决策提供及时支持。各科室根据组织目标，结合本科室职能和实际情况，制定科室绩效目标草案。例如，监测分析科室提出在保证监测数据准确性的前提下，提高分析效率，将常规污染物分析时间缩短20%，同时开展新污染物监测方法的研究与开发，本年度至少建立2种新污染物的监测分析方法，并进行内部验证和应用；应急监测科室制定目标为加强应急监测演练，每月组织一次应急演练，演练内容包括应急响应流程、现场监测操作、数据传输与报告等环节，提高团队在突发污染事故中的应急处置能力，确保应急监测任务完成率达到100%。员工个人根据科室目标，制定个人绩效目标计划。一线监测人员明确个人在日常监测工作中的任务量和质量要求，如每人每月完成的监测样品数量不少于规定标准，监测数据准确率达到99%以上；同时积极参与应急监测演练和新监测技术学习培训，培训参与率达到100%。技术研发人员专注于新监测技术和方法的研究创新，计划在专业期刊上发表至少1篇与环境监测技术相关的研究论文，参与至少2个新监测项目的技术攻关工作，为解决环境监测中的技术难题贡献力量。在绩效目标沟通大会上，员工与科室负责人、中心领导进行充分讨论和交流，对个人目标进行调整和完善，确保个人目标与科室目标、组织目标高度契合。同时，员工与科室负责人签订绩效目标责任书，明确各自的责任与义务，为绩效周期内的工作提供明确的方向和目标指引。

2. 绩效过程沟通：实时反馈与精准指导

在绩效周期内，建立了多渠道、多层次的绩效过程沟通机制。

（1）科室内部周会沟通

各科室每周一上午组织一次内部工作会议，员工在会上汇报本周工作进展情况、遇到的问题和困难以及下周工作计划。例如，在监测分析科室的周会上，一位监测人员汇报在某新污染物监测方法开发过程中遇到了标准物质难以获取的问题，科室成员共同讨论解决方案，有的成员提出联系国内专业的标准物质供应商，有的建议与相关科研机构合作获取标准物质，通过集思广益，为解决问题提供了多种思路和途径。科室负责人在会上对员工本周工作进行点评，肯定成绩，指出不足，并根据科室目标和整体工作安排，对下周工作进行部署和调整，确保科室工作按计划顺利推进。

（2）中心月调度会沟通

环境监测中心每月25日召开一次绩效工作调度会，各科室负责人在会上汇报本科室本月绩效目标完成情况，包括任务进度、数据质量、存在问题等方面。中心领导根据各科室汇报情况，对中心整体绩效状况进行总结和分析，针对存在的共性问题和重点难点问题进行集中讨论和研究，制定针对性解决方案。例如，在2024年7月份的调度会上，发现多个科室在环境监测信息化建设方面存在数据整合困难的问题，中心领导决定成立专项工作小组，由信息管理科室牵头，其他相关科室配合，共同研究制定数据整合方案，明确各科室在数据整合工作中的职责和任务，规定完成期限为3个月，确保信息化建设工作顺利推进。同时，在调度会上对表现优秀的科室和个人进行表扬和鼓励，分享先进经验，激发全体员工的工作积极性和创造力。

（3）一对一绩效面谈沟通

科室负责人每月与本科室员工进行一次一对一的绩效面谈。面谈时间安排在每月最后一周的周五下午。面谈时，员工详细汇报个人本月工作表现、取得的成绩、遇到的困惑以及对未来工作的想法和建议。科室负责人认真倾听员工的汇报，对员工的工作进行客观评价，肯定员工在工作中的努力和成绩，如某员工在应急监测演练中表现出色，操作熟练、反应迅速，科室负责人给予表扬，并鼓励其在今后的工作中继续保持；同时针对员工存在的问题和不足，提出具体的改进意见和建议，如某员工在监测数据处理方面存在粗心大意的情况，导致数据错误率较高，科室负责人要求其加强数据处理的责任心，在今后的数据处理流程中增加审核环节，提高数据准确性。在面谈过程中，科室负责人还与员工共同探讨个人职业发展规划，根据员工的兴趣、能力和岗位需求，为员工提供职业发展建议和指导，如推荐员工参加相关培训课程、参与重要项目等，促进员工个人成长与发展。通过绩效过程沟通机制，及时发现并解决工作中的问题，为员工提供工作支持和指导，确保绩效目标的顺利实现。

第二节 绩效评估工具与方法在效能评估中的应用与改进

一、关键绩效指标法（KPI）

（一）应用原理与实施过程

关键绩效指标法是基于事业单位战略目标，筛选出关键且可量化的指标，用以衡量组织与员工效能的评估方法。以某省疾病预防控制中心为例，其战略目标包括有效防控传染病、提升公共卫生服务质量、优化资源配置等。

在传染病防控成效方面，设定“传染病发病率降低率”为关键指标。中心通过全省各级医疗机构网络直报系统收集传染病发病数据，由专业流行病学团队进行数据整理与分析。例如，计算某年度传染病发病率降低率，需先统计本年度全省传染病发病总人数为 5000 例，而去年同期为 6000 例，同时考虑人口自然增长率为 5‰（假设），按照特定公式计算得出本年度传染病发病率降低率为 [（6000/ 去年全省总人口）−（5000/（去年全省总人口 ×（1+5‰）））]/（6000/ 去年全省总人口）× 100%≈16.7%。

公共卫生服务质量提升方面，以“公共卫生培训覆盖率”和“健康知识知晓率提升幅度”为 KPI。培训部门负责组织各类公共卫生培训活动，对各级疾控人员、医疗机构相关人员以及社区卫生工作者进行培训。通过培训签到记录和在线培训系统数据统计培训人次，再除以应培训总人数得到培训覆盖率。如本年度计划培训 10000 人，实际培训 9000 人，则培训覆盖率为 9000 ÷ 10000 × 100%=90%。健康知识知晓率提升幅度则通过在社区、学校、企事业单位等不同场所开展健康知识问卷调查获取数据。在项目实施前，在某社区随机抽取 500 名居民进行健康知识问卷调查，平均知晓率为 60%；项目实施后，再次在同一社区抽取 500 名居民（尽量保证样本特征相似）进行调查，平均知晓率为 75%，则知晓率提升幅度为（75%−60%）÷ 60% × 100%=25%。

资源配置优化方面，采用“人均设备价值增长率”和“预算执行偏差率”作为 KPI。资产管理部门每年对中心的仪器设备进行清查盘点并评估价值，计算人均设备价值增长率。如去年人均设备价值为 10 万元，今年通过新采购设备及设备增值等因素，人均设备价值达到 12 万元，则人均设备价值增长率为（12−10）÷10×100%=20%。财务部门每月对预算执行情况进行监控，预算执行偏差率计算公式为（实际支出金额 − 预算金额）÷ 预算金额 ×100%。若某项目预算为 50 万元，实际支出 48 万元，则预算执行偏差率为（48−50）÷50×100%=−4%，表示预算执行情况良好，略有结余。

（二）局限性分析

1. 指标单一性局限

KPI 侧重于关键指标，易导致对其他重要工作的忽视。例如，在追求传染病发病率降低率时，可能会减少对一些罕见病防控工作的投入，而这些罕见病虽发病数少，但对患者个体健康影响重大，且在特定人群中可能具有较高关注度。

2. 数据质量挑战

部分 KPI 数据依赖于外部机构或多部门协同收集，数据质量难以保证。如传染病发病数据可能因个别医疗机构报告不及时、不准确而产生偏差，影响对防控成效的准确评估。

3. 灵活性欠缺

事业单位面临复杂多变的公共卫生形势和政策环境，KPI 难以快速适应变化。例如，突发新型传染病疫情时，原有的传染病防控相关 KPI 可能无法及时反映疫情防控的特殊需求和重点工作。

（三）优化策略与案例展示

采用“KPI 多元化拓展 + 数据质量保障机制”的优化策略。以某省妇幼保健院为例，在原有 KPI 基础上，增加“妇幼保健服务项目完成率”，涵盖孕期保健、产后访视、儿童保健等多项服务内容。

实施过程中，由保健科室详细记录各项服务的开展情况，每月统计完成数量与计划数量的比例。如孕期保健计划服务 800 人次，实际完成 750 人次，则孕期保健服务项目完成率为 750÷800×100%=93.75%。

同时，建立数据质量保障机制。对于外部收集的数据，如医疗机构上报的妇幼健康数据等，加强数据审核与反馈。定期抽取一定比例的数据进行复查，与医疗机构核对差异。例如，每月随机抽取10%的新生儿出生数据与上报医院进行核对，若发现数据不一致，及时沟通修正。

通过A/B实验对比，选取两个规模和业务范围相似的妇幼保健分支机构。A分支机构采用优化后的指标体系，B分支机构沿用传统KPI。经过一年的观察与评估，A分支机构妇幼保健服务项目总体完成率从85%提升到92%，因数据质量问题导致的决策偏差次数从5次减少到2次；B分支机构服务项目完成率仅从83%提升到86%，数据质量问题导致的决策偏差次数仍有4次。结果表明，优化后的KPI体系能更全面、准确地评估效能，提升事业单位服务质量和管理决策水平。

二、平衡计分卡（BSC）

（一）应用原理与实施过程

平衡计分卡从财务、客户、内部流程、学习与成长四个维度构建事业单位绩效评估体系，促进全面平衡发展。以某省图书馆为例，在财务维度，关注“经费使用效益率”，即通过评估每一笔经费投入所产生的服务效益，如新增藏书量、举办活动场次等。财务部门详细核算各项经费支出，并与相关业务部门协同统计业务成果。例如，某年度投入500万元用于图书采购和活动举办，新增藏书10万册，举办各类文化活动200场，则经费使用效益率可通过特定公式计算得出（根据藏书价值评估、活动影响力等综合计算，此处假设为一个综合得分）。

客户维度以“读者满意度”和“读者数量增长率”为关键指标。通过在图书馆服务台、网站、移动端等多渠道发放读者满意度调查问卷，每季度收集一次数据。例如，在某季度共发放问卷2000份，回收有效问卷1800份，读者对馆藏资源满意度为80%，对服务态度满意度为85%，对阅读环境满意度为90%，综合计算得出读者总体满意度为85分（满分100分）。读者数量增长率则通过门禁系统统计不同时期的进馆读者人数计算得出。如上一年全年进馆读者人数为100万人次，下一年为120万人次，则读者数量增长率为

（120−100）÷100×100%=20%。

内部流程维度衡量“图书借阅流程优化率”和“活动筹备周期缩短率”。图书馆管理信息系统记录每一次图书借阅的流程时间，通过对比优化前后的平均借阅时间计算借阅流程优化率。例如，优化前平均借阅时间为10分钟，优化后为8分钟，则借阅流程优化率为（10−8）÷10×100%=20%。活动筹备部门记录每次活动从策划到开展的时间，计算活动筹备周期缩短率。如某年度上半年活动平均筹备周期为30天，下半年通过优化流程和资源配置，平均筹备周期缩短为25天，则活动筹备周期缩短率为（30−25）÷30×100%≈16.7%。

学习与成长维度关注“员工培训参与率”和“员工创新服务项目数量”。人力资源部门组织各类培训活动，通过培训报名系统和签到记录统计员工培训参与率。如本年度计划培训50场次，员工应参与1000人次，实际参与900人次，则员工培训参与率为900÷1000×100%=90%。员工创新服务项目由各部门申报，图书馆成立专门评审小组进行评估认定。例如，某年度员工提出并实施了5个创新服务项目，如“亲子阅读互动体验区”“老年读者智能阅读辅助服务”等。

（二）局限性分析

1. 维度平衡难题

四个维度间的平衡难以精确把握，各维度权重确定主观性较强。例如，在实际评估中，难以确定财务维度的经费使用效益率与客户维度的读者满意度之间的精确权重关系，可能导致资源分配不合理，影响图书馆整体发展。

2. 指标量化困境

部分指标在量化过程中存在困难，难以准确衡量。如员工创新服务项目的价值难以用统一标准量化，不同类型的创新服务项目对图书馆的长期影响难以精确评估，可能导致对员工创新贡献的评价不够客观。

3. 战略传导障碍

从图书馆的整体战略到各个维度、各个指标的层层分解过程中，可能存在信息丢失或偏差，导致基层员工对战略目标理解不透彻，无法有效执行相关工作。

（三）优化策略与案例展示

采用“BSC 指标权重优化 + 量化模型改进”的策略。以某省文化馆为例，在指标权重优化方面，运用层次分析法（AHP）确定各维度的指标权重。通过专家咨询、问卷调查等方式构建判断矩阵，计算得出财务维度权重为 0.2，客户维度权重为 0.3，内部流程维度权重为 0.3，学习与成长维度权重为 0.2。

在量化模型改进上，对于员工创新服务项目进行价值评估，建立多因素综合量化模型。考虑项目的创新性（从新颖性、独特性等方面评估，满分 30 分）、实施效果（如参与人数、社会反响等，满分 40 分）、可持续性（从资源需求、可复制性等方面评估，满分 30 分）。例如，某员工提出的“非遗文化线上展览”创新服务项目，创新性得分为 25 分，实施效果良好，参与线上展览人数众多，得分为 35 分，可持续性较强，得分为 28 分，则该项目综合量化得分为 88 分。

通过 A/B 实验，选取文化馆内两个业务部门。A 部门采用优化后的 BSC 体系，B 部门采用传统 BSC 体系。经过半年评估，A 部门在读者满意度方面从 80 分提高到 88 分，员工创新服务项目质量和数量均有显著提升；B 部门读者满意度仅从 80 分提高到 82 分，员工创新服务项目进展相对缓慢。结果表明，优化后的 BSC 体系能更好地平衡各维度关系，准确量化指标，有效提升事业单位效能评估效果。

三、360 度评估

（一）应用原理与实施过程

360 度评估通过收集上级、下级、同事、服务对象等多方面评价信息，全面评估事业单位员工效能。以某省民政厅为例，上级评价主要依据员工的工作任务完成情况、政策执行能力、项目管理水平等。每年上级领导根据员工的年度工作总结、项目成果报告以及日常工作表现进行评价打分。例如，在对某项目负责人评价时，上级领导从项目进度把控（满分 30 分）、资金使用合规性（满分 30 分）、团队协调能力（满分 20 分）、政策创新应用（满分 20 分）

等方面进行评估，若该负责人项目进度按计划完成得25分，资金使用合规得30分，团队协调能力较强得18分，有一定政策创新应用得15分，则上级评价总分为88分。

下级评价则侧重于上级领导的领导风格、资源分配公平性、职业发展指导等。通过匿名在线问卷形式，每半年收集一次下级员工评价。如某科室员工对科室主任评价，领导风格民主性方面（满分30分）得20分，资源分配公平性（满分30分）得25分，职业发展指导（满分40分）得30分，则下级评价总分为75分。

同事评价关注团队协作精神、沟通能力、知识共享等。在项目合作结束后或每年固定时间，同事之间相互评价。例如，在一次养老服务项目合作中，甲同事对乙同事团队协作精神（满分30分）评价为28分，沟通能力（满分30分）评价为26分，知识共享（满分40分）评价为32分，则甲对乙的同事评价总分为86分。

服务对象评价重点在员工的服务态度、服务效率、问题解决能力等。通过服务热线回访、服务满意度调查等方式收集数据。如某民政服务窗口工作人员，服务态度（满分30分）在回访中被服务对象评价为28分，服务效率（满分30分）为25分，问题解决能力（满分40分）为30分，则服务对象评价总分为83分。

综合各方面评价信息，按照一定权重计算员工的360度评估综合得分。假设上级评价权重为0.4，下级评价权重为0.2，同事评价权重为0.2，服务对象评价权重为0.2，则该员工综合得分=88×0.4+75×0.2+86×0.2+83×0.2=84分。

（二）局限性分析

1. 评价主观性偏差

评价者的个人主观因素可能导致评价结果不准确。例如，上级领导可能因个人偏好或近期工作压力对员工评价有失公允；同事之间可能因私人关系或工作竞争给出不客观评价；服务对象可能因个别事件情绪影响对员工整体评价。

2. 评价信息整合复杂性

来自不同主体的评价信息在内容、标准、权重等方面存在差异，整合难度较大。如上级评价注重工作成果与政策执行，下级评价关注领导风格，同事评价侧重团队协作，如何将这些不同侧重点的评价整合为一个准确反映员工效能的结果是一大挑战。

3. 反馈与应用有效性问题

评估结果的反馈过程若处理不当，可能引起员工抵触情绪。且在将评估结果应用于人事决策如晋升、奖励等时，需谨慎考虑多方面因素，否则可能导致不公平或不合理决策。

（三）优化策略与案例展示

采用“评价主体校准 + 评价信息标准化处理”的策略。以某省教育考试院为例，在评价主体校准方面，对评价者进行培训与指导。针对上级领导，开展评价标准与客观性培训，强调依据客观事实评价，避免个人主观因素影响。例如，通过案例分析、小组讨论等方式，让上级领导掌握如何准确评估员工的不同工作表现。对于同事评价，建立互评规范与引导机制，在互评前组织沟通会议，明确评价目的与原则，减少因私人关系或竞争产生的偏差。

在评价信息标准化处理上，建立统一的评价指标体系与评分标准。将所有评价指标分为工作业绩、工作态度、工作能力等几大类，每类指标下细分具体子指标并设定详细评分标准。如工作业绩下的考试组织工作指标，从考试安排合理性（满分 20 分）、考务人员调配有效性（满分 20 分）、考试安全保障（满分 20 分）等方面进行标准化评分。

通过 A/B 实验，选取考试院内部两个业务科室。A 科室采用优化后的 360 度评估体系，B 科室采用传统评估体系。经过一轮评估周期后，A 科室员工对评估结果的接受度从 60% 提高到 80%，人事决策失误率（如因评估偏差导致的晋升不合理等情况）从 10% 降低到 5%；B 科室员工接受度仅从 60% 提高到 65%，人事决策失误率仍有 8%。结果表明，优化后的 360 度评估体系能有效提高评估准确性与有效性，促进事业单位人力资源管理的科学发展。

第三节　绩效反馈对员工效能提升与发展的促进作用

一、绩效反馈在员工效能与发展中的关键意义

绩效反馈在员工效能与发展中具有至关重要的意义。它不仅像一面精准的镜子，清晰映照出员工工作的全貌，使员工能够精准定位自身的优势与不足，从而明确提升方向，如某省公共卫生研究院的研究员通过绩效反馈得知模型预测准确率及数据采集方面的不足后，便能有针对性地改进；同时，绩效反馈还是激发员工内在潜能、推动自我超越的强大动力，如同火种般点燃员工内心的成就感与使命感，促使他们不断追求卓越，如某省教育科学研究院的研究员因政策建议报告被重视而深受鼓舞，进而更深入地研究教育政策，力求取得突破性成果。此外，绩效反馈更是促进组织协同、优化工作流程的有效手段，它让不同部门间的员工有机会充分交流，发现并解决工作中的沟通不畅与流程问题，如某省文化遗产保护中心通过绩效反馈会议，及时调整工作流程，建立高效的信息共享与沟通协调机制，显著提升了团队的工作效能与质量。因此，绩效反馈是提升员工效能、推动个人发展与组织进步不可或缺的关键环节。

二、绩效反馈的多元实操模式

（一）绩效面谈：深度沟通与精准引导的艺术

1. 充分筹备：奠定面谈成功的坚实根基

在开展绩效面谈之前，管理者必须进行全方位、精细化的准备工作。以某省地质勘查局为例，在与地质勘查项目负责人进行面谈前，管理者需要系统梳理该负责人在整个勘查项目周期内的详细资料。包括对项目立项申请书的深入研究，明确项目的初始目标、预期成果以及预算规划；仔细审查项目执行过程中的各类报告，如野外勘查日志，记录每天的勘查地点、发现的地质

现象、采取的样本情况等；实验室分析报告，涵盖对岩石、矿物样本的成分分析、物理性质测定结果；以及项目进度报告，了解各个阶段的任务完成时间节点与实际进展对比情况。同时，对该负责人过往的绩效评估数据进行纵向分析，观察其在不同地质勘查项目中的表现趋势，如在资源发现率（发现有价值矿产资源的比例）、项目成本控制率（实际成本与预算成本的偏差比例）、安全事故发生率等关键指标上的变化情况。基于全面分析，确定本次面谈的核心主题，如在某复杂山区地质勘查项目中，发现项目成本超出预算 15%，且资源发现率未达到预期目标，因此将面谈主题确定为“探讨项目成本控制与资源勘查效率提升策略”。制定详细的面谈议程，明确在开场环节如何引入主题，缓和气氛；主体环节按照项目阶段依次深入探讨成本超支与资源发现不足的具体原因；结尾环节如何共同制定改进计划与目标设定。并提前预约一个安静、不受干扰且配备必要展示设备（如投影仪用于展示项目相关地图、数据图表等）的面谈场所，为面谈营造良好的沟通环境与条件。

2. 氛围营造：开启坦诚交流的友好之门

面谈伊始，管理者应巧妙运用沟通技巧，营造出轻松、和谐、信任的交流氛围。在某省林业调查规划院，当与森林资源调查员面谈时，管理者可以从关心员工在野外调查的艰辛经历或分享一些有趣的森林生态故事入手，如“上次在深山里进行调查，有没有遇到什么珍稀的动植物？给我讲讲呗”。以此缓解员工可能因担心面谈结果而产生的紧张情绪，拉近彼此的心理距离。随后，以清晰、简洁、亲切的语言向员工阐明面谈的目的与流程，如“今天咱们坐下来好好聊聊你在这次森林资源调查工作中的表现。我们会先一起回顾一下整个工作过程中的亮点和不足，然后一起探讨下怎么能让你在以后的工作中做得更好，这个过程大概会持续一个半小时，你不用有什么压力，咱们就是像朋友一样交流”。使员工能够放下心理包袱，更加积极主动地参与到后续的面谈互动中。

3. 深度倾听：洞悉员工内心的真实声音

在面谈进程中，管理者要全身心投入到倾听员工的表达之中，展现出高度的专注与尊重，不错过任何一个关键信息。在某省水利水电勘测设计研究院与水利工程设计师面谈时，管理者应保持眼神的专注交流，身体微微前倾，用点头、微笑、适当的眼神回应等肢体语言给予员工积极的反馈信号，鼓励其畅所欲言。例如，当员工提及在水利工程设计中遇到的生态环境保护与工程建设功能需求之间的平衡难题时，管理者不要急于发表自己的看法或打断员工的叙述，而是耐心倾听员工详细阐述在设计过程中尝试过的各种解决方案，如采用不同的河道护坡设计形式对生态的影响差异、如何在保证工程防洪能力的前提下优化水库库容设计以减少对周边湿地生态的破坏等，以及遇到的技术瓶颈和来自各方利益相关者的不同意见。通过这种深度倾听，管理者能够全面、深入地了解员工在工作中面临的复杂情况、内心的困惑与挣扎，以及他们对问题的思考深度与广度，为后续有针对性地提供指导与解决方案奠定坚实基础。

（二）书面反馈：严谨规范且详实的信息传递载体

1. 内容精构：编织全面详实的绩效画卷

书面反馈报告应具备严谨的结构与丰富的内容，全面呈现员工绩效的多维度信息。在某省环境科学研究院，对环境影响评价师的书面反馈报告中，首先对其在各类环境影响评价项目中的任务完成总体情况进行概述，如“在过去的一年里，你共参与了 [X] 个环境影响评价项目，其中包括 [X] 个工业建设项目、[X] 个基础设施建设项目以及 [X] 个区域开发项目。在工业建设项目评价中，按时完成率达到 90%，报告一次性通过评审率为 80%；在基础设施建设项目评价中，对生态环境影响的分析深度得到了评审专家的认可，但在噪声污染预测模型的应用准确性上存在一定不足，需要进一步改进”。接着，深入剖析员工在环境评价技术应用、数据收集与分析、报告撰写规范、与客户及相关部门沟通协调等方面的工作亮点与不足，如“在环境评价技术应用方面，你熟练掌握了大气环境质量模型（如 AERMOD 模型）的操作，在 [具体工业项目名称] 的大气环境影响评价中，模型模拟结果与实际监测数据的吻合度达到了 95%，为项目的环境可行性论证提供了有力支持；然而，在生态环境评价中，对生物多样性调查方法的掌握不够全面，在 [某区域开发项目] 中，仅采用了常规的样方法进行生物多样性调查，未能充分运用先进的遥感监测技术与地理信息系统分析方法，导致对区域生态系统完整性的评价不够精准。在数据收集与分析环节，对部分项目的公众意见调查数据处理不够严谨，在 [某基础设施项目] 中，由于对调查问卷的有效性筛选标准不明确，导致部分无效问卷数据被纳入分析，影响了公众意见分析结果的客观性”。最后，提出具有针对性、可操作性且分阶段实施的改进建议，如“在接下来的三个月内，参加生物多样性调查技术专项培训课程，学习遥感监测与地理信息系统在生态环境评价中的应用方法，建立公众意见调查数据处理规范手册，在每个项目的数据收集与分析阶段，严格按照手册要求进行操作；在半年内，参与至少一个由资深环境影响评价师指导的生态环境评价项目，在实践中不断提升生态环境评价技术水平与数据处理能力，确保环境影响评价报告的质量与科学性”。

2. 语言雕琢：秉持客观公正的表述基调

书面反馈的语言应遵循客观、公正、专业、严谨的原则，避免使用模糊、主观臆断或情绪化的词汇与表述。在某省人力资源和社会保障厅对劳动监察员的书面反馈中，描述其执法工作效率时，采用精确的数据对比与客观陈述，如“在过去的一个季度里，你平均处理劳动监察案件的时间为 [X] 天 / 件，较部门平均案件处理时间长了 [X] 天。其中，在处理拖欠农民工工资案件时，由于在调查取证环节对相关法律法规的适用范围界定不够清晰，导致案件处理流程延长了 [X] 天。建议你深入学习劳动监察相关法律法规及司法解释，梳理各类案件的处理流程与法律依据，建立个人案件处理知识库，在每次接到案件后，首先对照知识库进行初步分析，明确法律适用要点与调查取证方向，提高案件处理效率与准确性”。通过精准的数据支撑、冷静的分析判断与专业的建议提出，员工能够心平气和地接受反馈，并清晰地知晓改进方向与方法，避免因语言不当引发其抵触情绪或误解。

3. 格式规范：打造清晰易读的信息范本

书面反馈应遵循统一、规范的格式，以增强其可读性与专业性。在某省审计厅对审计员的书面反馈报告中，标题醒目地注明“关于 [员工姓名] 绩效反馈报告”，开头部分简要阐述“本报告旨在全面、客观、准确地反馈您在 [评估周期] 内的审计工作绩效，依据审计项目成果、审计工作规范遵循情况、职业素养表现等多维度综合评定，为您提供清晰的工作成效展示与未来发展指引”。主体内容分板块详细阐述：

1）审计项目成果

在 [具体审计项目名称] 中，你成功发现并揭示了 [具体审计问题数量]

个重大财务违规问题，涉及金额达[具体金额]万元，为被审计单位挽回潜在经济损失[具体金额]万元，审计报告的完整性、准确性与建设性得到了上级领导与被审计单位的高度认可；其中，在对[某下属单位名称]的审计中，通过深入分析财务数据，发现了一笔长期隐匿的违规资金往来，为整个审计项目的深入推进提供了关键线索。然而，在审计项目的后续整改跟踪环节，对部分被审计单位提出的整改措施审核不够严格，在[某被审计单位名称]的整改报告中，未及时发现其整改措施的可行性与执行性存在的问题，导致整改效果未能达到预期目标。

2）审计工作规范遵循

在审计工作过程中，你严格遵守审计职业道德准则，未出现任何廉洁自律方面的问题；但在审计程序执行上，在[具体审计操作环节]中，存在未按照规定提前向被审计单位送达审计通知书的情况，违反了审计程序的法定要求，影响了审计工作的合法性与权威性。”

结尾部分明确提出期望与要求，如“希望你在未来的审计工作中，持续强化审计整改跟踪意识，严格按照审计程序规范操作，参加至少一次年度审计业务培训与交流研讨会，深入学习审计法规与先进审计技术方法，不断提升审计专业技能与综合素养，为维护财政经济秩序与促进单位规范管理贡献更大力量。

第六章　薪酬福利管理：效能激励的经济杠杆

第一节　薪酬结构设计与市场竞争力分析对效能的激发

一、薪酬结构各要素对员工效能的深度影响

（一）基本工资：奠定稳定基石，孕育潜在效能

基本工资作为事业单位薪酬体系的根基，其设定遵循着严谨且系统的规则，综合考量员工的学历层次、职称级别、工作经历以及岗位特性等多维度因素。以某省教育考试院为例，一位拥有硕士学位、中级职称且在岗位上工作了 8 年的考试命题管理人员，其每月基本工资确定为 6000 元。这一基本工资水平不仅仅是对员工基本生活的经济支撑，更是一种组织对其专业素养与岗位价值的隐性认可，从而在多方面影响员工效能。

从心理层面来看，稳定的基本工资给予员工强烈的安全感与归属感。在考试院繁忙的考试组织工作期间，如每年的高考、公务员考试等重要考务工作筹备阶段，员工无需担忧经济收入的波动，能够心平气和地全身心投入到复杂而严谨的考务流程设计、命题审核把关、考试安全保障等工作环节中。这种心理上的稳定状态有助于员工集中精力，减少因经济焦虑而可能产生的工作失误，在潜移默化中提升工作的精准度与效率。

从职业发展角度而言，基本工资是与员工的学历、职称和工作年限挂钩的机制，其目的是激励员工不断追求自我提升。例如，为了获得更高的职称晋升从而提升基本工资水平，员工会积极参加各类专业培训、教育研讨会，主动开展教育研究项目并争取发表高质量的学术成果。这种自我提升的动力不仅有助于员工个人职业成长，同时也为单位注入了持续发展的知识与技能

动力，促进整体工作效能的优化。

（二）绩效工资：强化绩效关联，撬动效能提升

绩效工资在事业单位薪酬结构中犹如灵敏的效能杠杆，紧密联结着员工的工作表现与薪酬回报。以某省疾病预防控制中心为例，在其专业技术人员的薪酬体系里，绩效工资占据总薪酬的40%。对于从事传染病防控工作的专业人员，绩效评估指标体系涵盖了多个关键维度。

在疫情监测与预警方面，若能在规定时间内准确收集、分析并上报传染病监测数据，且成功预警潜在疫情风险，如在某次流感疫情暴发前提前一周准确预测出传播趋势并及时上报，相关工作人员将在这一指标上获得高分评价，进而影响绩效工资的发放。在流行病学调查工作中，迅速响应、精准溯源、高效完成调查任务并形成具有高度科学性与实用性的调查报告，也是重要的绩效考量点。例如，在处理一起突发传染病事件时，调查团队在48小时内完成了对所有病例的详细调查，确定了传播途径并提出有效的防控建议，团队成员在绩效工资核算中会得到相应的奖励性加分。

这种绩效工资机制深刻地激发了员工的工作积极性与主动性。员工为了获取更高的绩效工资，主动加强专业知识学习，提升疫情监测技术水平，优化流行病学调查方法，积极参与团队协作与信息共享，从而在单位内部形成了浓厚的竞争与合作氛围，全面推动了疾病预防控制工作的高效开展，显著提升了整体员工的工作效能。

（三）奖金：催化卓越成就，激发效能突破

奖金在事业单位薪酬体系中是对员工卓越贡献的即时性、高强度激励手段。在某省博物馆举办的大型文物展览活动中，筹备团队面临着文物征集、展览策划、场馆布置、宣传推广以及安全保障等一系列复杂且艰巨的任务，且所有任务都必须在严格的时间节点和极高的质量标准下完成。

针对此次展览活动，博物馆设立了一套完善的奖金激励方案。在文物征集环节，若工作人员成功征集到具有极高历史文化价值且此前从未公开展示过的珍贵文物，将根据文物的重要性获得5000~20000元不等的奖金。在展览策划方面，策划团队若能设计出具有创新性、教育性且深受观众喜爱的展

览方案，如采用新颖的展览叙事方式、独特的文物展示手段以及丰富的互动体验环节，并在展览期间获得观众满意度调查评分达到90分以上，核心策划人员将每人获得10000~30000元奖金。在宣传推广环节，若采取有效的营销策略使展览的媒体曝光量达到预定目标的150%以上，且参观人数超出预期30%，宣传团队成员将分享8000~25000元奖金。

奖金激励措施在展览筹备过程中发挥了巨大的作用。员工们为了获取奖金，充分发挥各自的专业优势与创造力，积极拓展资源渠道，加班加点工作。在文物征集过程中，工作人员遍访各地文物收藏机构与私人收藏家，深入挖掘文物背后的故事与价值；展览策划团队反复研讨、精心设计每一个展览细节，力求打造出独一无二的展览体验；宣传推广团队积极与各大媒体、社交平台合作，创新宣传形式与内容。最终，展览取得了巨大的成功，参观人数突破历史纪录，社会影响力广泛而深远，同时也在单位内部树立了榜样，激发了全体员工在未来工作中勇于挑战高难度任务、追求卓越效能的热情与决心。

二、薪酬市场竞争力的全方位解析

（一）同行业薪酬水平调查：精准洞察，明晰竞争格局

同行业薪酬水平调查是事业单位构建竞争力薪酬体系的关键前置步骤。以某省水利水电勘测设计研究院为例，为全面了解自身在行业中的薪酬地位并制定科学合理的薪酬调整策略，开展了深入细致的同行业薪酬调查。

调查范围广泛且具有针对性，涵盖了本省其他地区的水利水电勘测设计单位以及在全国水利行业具有较高知名度与影响力的大型设计企业。调查内容丰富详实，包括各机构不同岗位类型（如水利水电工程师、地质勘察工程师、水文水资源工程师、项目管理人员等）的薪酬构成细节。对于水利水电工程师岗位，详细调查了其基本工资的确定依据与范围，如根据职称等级（初级、中级、高级）和工作经验划分的不同基本工资档次，发现本省同行业中级水利水电工程师的基本工资范围在6000~9000元/月之间，而全国知名企业则在8000~12000元/月之间；深入分析绩效工资的考核指标与发放水平，如依

据项目完成的质量、进度、成本控制以及技术创新成果等指标核算绩效工资，本省部分单位中级工程师的绩效工资平均每月在3000~5000元，而大型企业可达5000~8000元；全面梳理奖金的设置种类与发放标准，包括项目奖金（根据项目规模、难度、效益等确定）、技术创新奖金（对在水利水电技术领域取得创新性突破成果的奖励）等，如在某大型水利枢纽设计项目中，本省单位的项目奖金人均在2万~5万元，而知名企业可达5万~10万元。同时，对福利待遇也进行了详细调查，如五险一金缴纳比例（发现部分大型企业的公积金缴纳比例高达12%，而本省部分单位在8%左右）、带薪年假天数（全国知名企业普遍提供15~20天带薪年假，本省部分单位为10~15天）、职业培训与发展机会（大型企业每年可为员工提供多次国内外专业培训课程与学术交流机会，本省部分单位相对较少）等。

通过对这些调查数据的系统分析与整理，研究院清晰地绘制出了自身在同行业薪酬竞争版图中的位置，精准识别出与先进企业的薪酬差距以及自身的优势所在，为后续薪酬结构优化与竞争力提升提供了极具价值的数据支撑与决策依据。

（二）地区薪酬差异考量：因地制宜，平衡内外薪酬

地区薪酬差异在事业单位薪酬设计过程中是一个不可忽视的重要因素。在某省不同区域，由于经济发展水平、产业结构特点、人才供求关系以及物价消费指数等方面存在显著差异，导致事业单位薪酬水平呈现出鲜明的地域性特征。

以某省为例，省会城市作为全省的政治、经济、文化中心，汇聚了大量的高新技术企业、金融机构以及各类优质资源，经济发展迅猛，人才竞争激烈，物价水平相对较高。在省会城市的事业单位，如某高校，教授岗位的平均年薪可达40万~60万元，副教授岗位平均年薪在25万~40万元之间，讲师岗位平均年薪约为15万~25万元。这一薪酬水平主要是为了适应省会城市高昂的生活成本以及激烈的人才竞争环境，吸引和留住高水平的教育科研人才。高校为教授提供了丰富的科研启动资金、优质的教学科研设施以及广阔的学术交流平台等福利待遇，以增强薪酬的综合竞争力。

而在该省的一些经济欠发达地区，如偏远山区的县级事业单位，经济发

展相对滞后，产业结构以农业和传统制造业为主，人才吸引力较弱，物价水平相对较低。在这些地区的同类高校，教授岗位平均年薪约为 20 万~30 万元，副教授岗位平均年薪在 12 万~20 万元，讲师岗位平均年薪仅为 8 万~15 万元。尽管薪酬水平相对较低，但当地事业单位也会结合自身实际情况，提供一些具有地方特色的福利待遇，如住房补贴（当地房价较低，住房补贴可在一定程度上解决员工的住房问题）、生态环境福利（如优美的自然环境、相对宽松的工作生活节奏等）以及地方人才政策支持（如人才津贴、子女教育优待等），以弥补薪酬上的不足，吸引和稳定当地所需的人才队伍。

事业单位在设计薪酬时，必须深入考量地区薪酬差异，既要确保薪酬水平能够在当地人才市场具有一定的吸引力和竞争力，满足组织正常运转与发展对人才的需求，又要兼顾内部不同地区岗位之间的薪酬公平性，避免因地区差异导致员工内部的心理失衡与人才不合理流动，从而构建起一套既符合地区实际又能有效激励员工的薪酬体系。

三、事业单位薪酬设计实例：效能与竞争力的协同共进

某省林业科学院在薪酬改革进程中，精心打造了一套兼具科学性与竞争力的薪酬体系，实现了薪酬结构优化与市场竞争力提升的有机统一，为员工效能激发提供了坚实的制度保障。

（一）薪酬设计过程步骤

1. 岗位价值深度评估与精细分类

运用科学的岗位价值评估方法，对院内所有岗位进行全面、深入且细致的评估。综合考量岗位的职责复杂程度、对林业科研成果的贡献权重、所需专业知识与技能的深度广度、工作环境的艰苦程度以及岗位的战略重要性等多方面因素，将全院岗位精准划分为林业科研核心岗位、科研辅助支撑岗位、科研管理岗位、后勤保障服务岗位以及新兴交叉学科研究岗位等五大类。

林业科研核心岗位，如首席林业科学家、课题带头人等，承担着国家级和省部级重大林业科研项目的顶层设计、关键技术攻关以及成果转化推广等核心任务，对提升学院在林业科研领域的学术地位与社会影响力具有决定性

作用。科研辅助支撑岗位包括实验技术人员、数据分析师、野外调查助手等，他们为科研核心人员提供不可或缺的实验技术支持、数据处理分析以及野外调查协助等服务，是确保科研项目顺利推进的重要力量。科研管理岗位涵盖科研处处长、项目办主任等，负责科研项目的规划组织、资源调配、进度监控以及科研团队的协调管理等工作，在保障科研工作高效有序运行方面发挥着关键枢纽作用。后勤保障服务岗位如食堂工作人员、安保人员、物业管理人员等，为全院职工提供基本的生活保障与安全舒适的工作环境，是维持学院正常运转的基础保障力量。新兴交叉学科研究岗位则聚焦于林业与生物技术、信息技术、环境科学等多学科交叉融合领域的研究探索，旨在开拓林业科研的新方向与新领域，培养创新型科研人才。

2. 差异化薪酬结构定制

针对不同岗位类别，精心设计差异化显著的薪酬结构，以精准匹配各岗位的工作特性与价值贡献。

对于林业科研核心岗位，薪酬由基本工资、绩效工资、科研成果奖励、项目收益分红等多个部分构成。基本工资依据岗位等级、职称级别以及工作年限确定，占总薪酬的 30% 左右。例如，首席林业科学家的基本工资每月可达 10000 元以上。绩效工资占总薪酬的 40%，其考核指标紧密围绕科研项目的关键绩效节点，包括科研项目的年度目标达成率（如实验数据获取量、阶段性研究成果数量等）、科研成果的质量与影响力（如在国际国内顶级林业学术期刊发表论文的数量与影响因子、获得林业科技奖项的等级与数量等）、科研团队建设成效（如团队成员的专业成长速度、团队的凝聚力与协作效率等）。科研成果奖励针对取得重大科研突破或创新性成果的个人或团队给予一次性高额奖励，如成功研发出具有重大经济与生态效益的新型林木品种，奖励金额可达 50 万~200 万元；项目收益分红则根据科研项目在成果转化过程中产生的经济效益，按照一定比例（如 10%~20%）分配给科研团队成员，充分激励科研人员将科研成果转化为实际生产力。

科研辅助支撑岗位的薪酬结构包括基本工资、绩效工资与岗位专项补贴。基本工资占总薪酬的 45%，根据学历背景、工作经验以及专业技能水平确定，如具有硕士学位且熟练掌握先进实验技术的实验技术人员基本工资每月约为 4500 元。绩效工资占总薪酬的 40%，主要考核工作任务的完成质量与效率（如实验数据的准确性、数据处理的及时性等）、对科研项目的支持配合程度（如是否能够及时响应科研人员的技术需求、是否积极参与科研项目的紧急任务处理等）。岗位专项补贴则针对岗位的特殊工作环境或工作要求设立，如野外调查助手因长期在艰苦的野外环境工作，每月可获得1000~1500元的野外作业补贴；数据分析师因处理大量复杂数据，可能获得每月500~1000元的数据处理专项补贴。

科研管理岗位的薪酬由基本工资、绩效工资、管理绩效奖金组成。基本工资占总薪酬的40%，依据管理职务层级与管理职责范围确定，如科研处处长的基本工资每月约为8000元。绩效工资占总薪酬的40%，考核指标涵盖部门管理目标的完成情况（如科研项目申报成功率、科研经费管理合规率等）、团队管理能力与效果（如团队成员的满意度、团队创新氛围的营造情况等）、跨部门协作与沟通成效（如与财务部门、人事部门等其他部门在科研资源调配、人才招聘等方面的协作顺畅度与效率等）。管理绩效奖金根据学院年度整体科研业绩以及本部门的管理绩效综合评定，在年度考核结束后发放，金额在3万~8万元之间。

后勤保障服务岗位的薪酬由基本工资、绩效工资与福利补贴组成。基本工资占总薪酬的55%，根据岗位技能要求、工作强度以及当地劳动力市场价格确定，如食堂厨师长的基本工资每月约为4500元。绩效工资占总薪酬的35%，主要考核工作服务质量（如食堂饭菜的口味满意度、安保工作的安全事故发生率等）与服务态度（如员工对后勤服务的投诉率等）。福利补贴包括餐补（每月约500元）、交通补贴（每月约300元）、高温补贴（在夏季高温期间每月约600元）以及定期的健康体检等，以保障后勤员工的基本生活福利与身体健康。

新兴交叉学科研究岗位的薪酬结构与林业科研核心岗位有相似之处，但更加注重对跨学科研究能力与创新思维的激励。除基本工资、绩效工资、科研成果奖励外，还设立了跨学科研究专项津贴，鼓励科研人员积极探索林业与其他学科的交叉融合领域，对于在交叉学科研究中取得创新性成果或提出新理论、新方法的人员给予每月2000~5000元专项津贴，以促进新兴交叉学科在林业科学院的培育与发展。

3. 市场竞争力精准分析与动态薪酬调整

开展全面深入且持续动态的薪酬市场竞争力分析，密切关注同行业林业科研机构以及当地其他事业单位的薪酬动态变化。

对同行业林业科研机构的调查发现，在国内一流的林业科学院，林业科研核心岗位的平均年薪在 50 万~80 万元之间，且科研成果奖励力度巨大，如获得国家级林业科技进步奖一等奖的团队奖励可达 500 万元以上；科研管理岗位的平均年薪在 30 万~50 万元之间；后勤保障服务岗位的平均年薪在 8 万~15 万元之间。在当地其他事业单位中，与林业科学院岗位类似的科研岗位平均年薪在 30 万~50 万元之间，管理岗位平均年薪在 20 万~30 万元之间，后勤岗位平均年薪在 6 万~10 万元之间。

基于上述调查结果，结合本院的战略发展规划、财务状况以及人才队伍建设需求，对薪酬水平进行适时适度的动态调整。将林业科研核心岗位的平均年薪提升至 45 万~70 万元，进一步加大科研成果奖励力度，如国家级林业科技进步奖一等奖的团队奖励提高到 600 万元；科研管理岗位的平均年薪调整为 25 万~40 万元；后勤保障服务岗位的平均年薪提高到 7 万~13 万元。同时，不断优化福利待遇体系，为科研人员提供更多的国内外学术交流资助机会（如每年资助 5~10 名优秀科研人员参加国际顶级林业学术会议）、为管理岗位人员提供专业的管理培训课程与领导力提升培训（如与知名高校合作举办管理培训班）、为后勤保障人员改善工作设施与环境（如更新食堂设备、优化安保监控系统等），以全方位增强薪酬体系的综合竞争力，确保在激烈的人才市场竞争中吸引和留住优秀人才。

（二）效能激发与竞争力保持效果

经过系统薪酬改革后，某省林业科学院在员工效能提升与市场竞争力保持方面取得了令人瞩目的显著成效。

在员工效能方面，科研项目的申报数量呈现出强劲的增长态势，同比增长幅度高达 40%，从改革前每年的 80 项跃升至 112 项。这一显著变化得益于薪酬体系对科研人员积极性的深度激发，尤其是科研成果奖励和项目收益分红机制的有效驱动，使得科研人员更加主动地关注科研前沿动态，积极挖掘具有创新性和应用价值的研究课题，精心策划并踊跃申报各类科研项目。

科研项目的完成质量也实现了质的飞跃。依据权威的科研成果评估标准，优秀科研成果的比例从改革前的 25% 攀升至 35%。在新的薪酬结构下，绩效工资与科研成果质量紧密挂钩，促使科研人员在项目实施过程中更加严谨认真，对实验设计、数据采集与分析、成果总结与提炼等各个环节都进行了更为严格的把控和深入的探究。例如，在一项关于珍稀树种保护与繁育的科研项目中，科研团队为了获取更精准的数据，在野外建立了长期监测点，历经多个季节的连续观测，收集了海量的一手资料，并运用先进的数据分析模型进行深入挖掘，最终成功研发出一套高效的珍稀树种繁育技术体系，该成果不仅在学术领域获得高度认可，发表了多篇高影响因子的学术论文，还在实际应用中取得了显著的生态效益和经济效益，有力地推动了当地林业资源的可持续发展。

科研成果的转化效益更是实现了突破性增长。过去一年里，多项科研成果成功转化为实际生产力，为林业产业带来了累计超过 8000 万元的新增产值。以某新型林木种苗培育技术为例，通过与当地林业企业的紧密合作，实现了大规模产业化生产，不仅提高了林木种苗的品质和产量，还降低了生产成本，增强了当地林业企业在市场中的竞争力，同时也为林农增收开辟了新的途径，进一步彰显了科研工作对林业产业发展的强大支撑作用。

在市场竞争力方面，人才流失率显著降低，从改革前的每年 18% 锐减至 5% 以内，达到了历史最低水平。这一变化充分表明新的薪酬体系在吸引和留住人才方面发挥了极为关键的作用。一方面，具有竞争力的薪酬水平使学院在人才市场上更具吸引力，能够与同行业其他优秀机构展开有力竞争，成功吸引了一批国内外知名林业院校的优秀毕业生和具有丰富科研经验的高层次人才加盟。例如，在过去的招聘季中，学院成功引进了 3 名在国际林业研究领域崭露头角的青年学者，他们带来了先进的研究理念和前沿技术，为学院的科研团队注入了新的活力。另一方面，优化后的福利待遇和良好的职业发展环境也增强了员工的归属感和忠诚度，使他们更愿意长期扎根于学院，为林业科研事业奉献自己的智慧和力量。

学院在行业内的知名度与影响力也得到了极大提升。凭借一系列高质量的科研成果以及在人才队伍建设方面的显著成就，学院与国内外多家顶尖林业科研机构建立了广泛而深入的合作关系，共同开展科研项目攻关、学术交流研讨以及人才培养等活动。例如，与国际林业研究组织联盟（IUFRO）合作开展了一项关于全球气候变化对森林生态系统影响的大型国际合作项目，学院的科研团队在项目中承担了重要研究任务，与来自世界各地的林业专家携手合作，通过数据共享、联合实验和学术研讨等方式，深入探索应对气候变化的林业策略，这不仅提升了学院在国际林业科研领域的地位和话语权，也为我国林业科研走向世界搭建了更为广阔的平台。

第二节　福利计划创新与员工满意度提升对效能的正向影响

一、传统福利计划的深度审视：局限与桎梏

（一）法定福利：标准化框架下的固有束缚

在众多事业单位的福利体系中，法定福利构成了最为基础且固定的部分，主要包含五险一金的规范配置。以某省典型的事业单位——省地质勘查院为例，其在养老保险方面严格遵循国家政策，单位缴纳比例达 20%，职工个人承担 8%。医疗保险的单位缴费比例为 8%，个人则为 2%。失业保险的缴纳上，单位与个人分别按 0.7% 和 0.3% 执行。工伤保险依据行业特性确定缴费比例，勘查员由于工作性质存在一定野外作业风险，缴费比例为 1.2%。生育保险单位缴费比例为 0.8%。住房公积金的缴存比例遵循当地政策框架，设定在 8%~10% 之间，单位与个人对等缴存。

从实际运行效果看，这种法定福利模式虽然确保了员工基本权益的覆盖，但暴露出明显的局限性。一方面，保障水平的相对固化难以适应员工日益多样化的需求。例如，在医疗保险报销范畴内，对于一些新型治疗手段、特效药物的覆盖存在滞后性，导致员工在面临特定疾病时可能面临高额自费负担。就像部分罕见病的特效药物，往往不在基本医疗保险报销目录中，员工一旦患病，经济压力巨大；另一方面，法定福利的激励效能近乎于零，员工多将其视为一种普适性的权益标配，难以从中获取额外的工作动力与归属感，对单

位的忠诚度提升亦无显著助力。

（二）常规福利：同质化困境与个性化缺失

常规福利在事业单位传统福利计划中占据着重要地位，通常体现为带薪年假与节日福利的常规发放。以某省农业技术推广站为例，员工依据工作年限享有不同梯度的带薪年假权益，从入职满 1 年的 5 天逐步递增至满 20 年的 15 天。节日福利方面，在诸如春节、中秋节等传统佳节，单位会统一采购并发放标准化的福利物资。如春节发放价值 500 元的年货礼包，多为米面粮油、干货坚果等传统食品组合；中秋节则是价值 300 元的月饼礼盒搭配一些水果。

然而，这种常规福利模式在现代人力资源管理环境下，弊端愈发显著。一方面，福利内容的高度同质化无法契合员工的个性化诉求。不同岗位特性、年龄层次、家庭结构以及职业发展规划的员工，对福利的期待与需求存在显著差异。例如，年轻的技术推广专员可能更渴望获得与专业技能提升相关的培训机会或行业研讨会参与资格，将其作为提升自身职业竞争力的关键福利；而年长的员工可能更关注健康养生类福利，如定期的高端体检套餐、健康管理咨询服务等。另一方面，常规福利的标准化发放难以在人才竞争中构筑差异化优势，无法有效降低人才流失率。在各事业单位福利内容千篇一律的大环境下，员工易产生福利疲劳，难以因福利因素而对所在单位产生独特的情感依赖与忠诚度维系，一旦面临外部更具吸引力的职业机会，离职意愿可能迅速攀升。

（三）福利缺乏动态优化：僵化架构与适应性短板

传统福利计划的另一显著弊端在于其缺乏动态调整机制，呈现出明显的僵化特征。以某省文化遗产保护中心为例，其福利政策在近十年间基本维持原状，未因外部环境变化而进行实质性优化。随着社会经济的持续演进，员工面临的生活成本压力与日俱增。例如，在教育成本方面，子女课外辅导费用、高等教育学费等呈现出显著的上升趋势；医疗领域中，新技术、新药品的不断涌现推动医疗费用持续上扬；物价指数的波动亦导致日常生活开销的增加。然而，该保护中心的福利水平却未能与时俱进。

福利体系的僵化性带来了多方面的负面影响。其一，员工在实际生活压力下，工作专注度与积极性严重被抑制。如员工因子女教育费用的攀升而陷入经济焦虑，在工作中难以全身心投入文化遗产的保护与研究工作，频繁分心于个人家庭经济事务，工作效率与质量大打折扣。其二，僵化的福利架构无法与单位自身的战略转型与发展需求相匹配。当保护中心致力于拓展文化遗产数字化保护领域，急需吸引计算机技术、数字媒体等专业人才时，传统福利计划难以提供具有针对性与吸引力的福利方案，从而制约了单位战略目标的顺利达成，在激烈的行业竞争与人才争夺中逐渐陷入被动境地。

二、创新福利计划：多维度创新与精准实施

（一）弹性福利制度：定制化福利选择的多元生态

弹性福利制度作为创新福利计划的核心组成部分，彻底颠覆了传统福利的统一分配模式，赋予员工在既定框架内自主抉择福利项目的高度自主权。以某省高新技术产业促进中心为例，其精心构建的弹性福利体系涵盖了核心福利根基与丰富多元的可选福利模块。

在核心福利层面，虽保留了法定福利的基本架构，但对关键项目进行了深度优化与拓展。以医疗保险为例，在确保基本医疗保险参保的基础上，中心为员工额外购置了补充商业医疗保险。针对不同年龄段有健康风险特征的员工群体，设计了差异化的保险套餐。对于35岁以下年轻员工，侧重于提供门诊医疗费用补充报销套餐，涵盖常见疾病的门诊检查、治疗费用报销，报销比例可达80%，年度报销限额为2万元，以应对年轻员工相对高发的日常疾病就医需求；对于35~50岁中年员工，重点配置重大疾病保险补充套餐，针对如癌症、心血管疾病等重大疾病，在基本医疗保险报销后的剩余费用，可再获得最高50万元的补充报销额度，有效缓解重大疾病带来的经济冲击；对于50岁以上员工，增设了长期护理保险选项，当员工因年老体弱或疾病导致生活不能自理时，可获得每月最高3000元的护理费用补贴，保障其晚年生活质量。在养老保险领域，除常规的基本养老保险外，中心大力推行企业年金计划。依据员工的职位层级、工作绩效与服务年限等多维度因素，设定不同的企业年金缴费比例与投资组合策略。例如，高级管理人员与核心技术骨干，

企业年金单位缴费比例可达8%，个人缴费比例为4%，投资组合偏向于权益类资产，以追求更高的长期收益，为员工退休后的高品质生活提供坚实的经济后盾；普通员工的企业年金单位缴费比例为6%，个人缴费比例为3%，投资组合则相对稳健，兼顾收益性与安全性。

在可选福利模块，广泛涵盖了健康与健身福利、职业发展福利、生活便利福利等多个细分领域。健康与健身福利维度，与当地知名健身品牌连锁机构深度合作，推出多样化的健身会员卡套餐。包括面向健身爱好者的全能健身套餐，涵盖器械健身、有氧课程、游泳等项目，员工可根据自身需求选择月度、季度或年度会员卡，中心给予不同程度的补贴，如年度会员卡补贴1000元；针对瑜伽爱好者的专业瑜伽套餐，提供哈他瑜伽、流瑜伽、阴瑜伽等多种课程选择，员工购买会员卡可享受8折优惠，并额外赠送瑜伽装备一套；同时，还设立了健康体检套餐超市，从基础的入职体检套餐（价值300元）到包含基因检测、癌症早筛、心血管疾病深度检查等项目的高端体检套餐（价值5000元），员工可依据年龄、家族病史等因素自主选择，中心每年给予每位员工800元的体检补贴额度。职业发展福利方面，与多家专业培训机构、高校及行业协会建立战略合作伙伴关系，搭建了丰富的培训与学习资源平台。提供涵盖专业技术技能提升（如软件开发、数据分析、项目管理等）、管理能力进阶（如领导力培训、团队建设、战略规划等）、职业素养培育（如商务礼仪、沟通技巧、时间管理等）等多领域的培训课程体系。员工每年可根据自身职业规划与岗位需求，申请参加2~3门培训课程，中心全额报销学费，并给予培训期间每天200元的交通与餐饮补贴。此外，积极资助员工参与国内外学术交流活动，对于参加国际学术会议的员工，提供最高2万元的差旅费与参会费用资助；参加国内行业研讨会的员工，可获得最高5000元的费用支持，同时鼓励员工在学术会议上发表论文或作主题报告，成功发表者给予额外的奖励，如在国际知名期刊发表论文奖励1万元，在国内核心期刊发表奖励3000元。生活便利福利领域，构建了全方位的交通补贴体系，除常规的公交卡充值补贴（每月200元）、共享单车企业合作套餐（免费提供年度骑行卡）外，针对有私家车通勤需求的员工，设立了停车费用补贴（每月300元）与车辆保养维修补贴（每年1000元）。餐饮补贴方面，与单位食堂、周边餐厅及外卖平台开展合作，员工在食堂用餐可享受每餐5元的优惠补贴；在周边合作餐厅用餐可获得 8 折优惠；通过外卖平台订餐可领取每月 200 元的专属优惠券。员工购物福利则与当地大型超市、电商平台强强联合，为员工提供专属的购物折扣券、积分加倍兑换等特权，如在超市购物可享受 9 折优惠，在电商平台购物可额外获得 50% 的积分回馈，积分可兑换商品或优惠券，进一步提升员工的生活消费实惠感。

在实施流程上，中心首先基于年度财务预算，精准确定每个福利模块及具体项目的预算上限，并对各项福利进行精细定价。例如，明确年度健康与健身福利预算为 80 万元，其中全能健身套餐定价为每月 500 元，高端体检套餐定价为 5000 元等。随后，依据员工的职位等级、工作年限、年度绩效评估结果等多维度指标，为每位员工核定一个专属的福利积分或金额额度。如高级管理人员年度福利额度为 2 万元，中级职称员工为 1.5 万元，初级员工为 1 万元。员工在规定的福利选择窗口期（通常为每年 11~12 月），通过中心内部自主研发的智能化福利管理平台，全面浏览各类福利项目的详细信息，包括项目内容、服务提供商、使用规则等，依据自身需求与偏好进行个性化福利组合的自由构建，直至额度用尽。在每年年末或特定的福利调整周期节点，员工可基于自身情况变化（如家庭状况变动、职业发展转型等），对福利项目进行灵活调整与重新选择，充分彰显了福利制度的动态性与适应性。

（二）健康关怀计划：全生命周期的员工健康守护体系

健康关怀计划聚焦于员工身心健康的全方位呵护，致力于构建一个贯穿员工全生命周期的健康管理闭环。以某省疾病预防控制中心为例，其精心打造的健康关怀计划涵盖了疾病预防的前端防线、疾病治疗与康复的核心保障以及心理健康的深度支持等多个层面。

在疾病预防维度，除了常规的年度健康体检外，中心大力拓展了专项健康筛查项目矩阵。针对不同性别、年龄段以及岗位风险特征的员工群体，定制化设计了精准的筛查方案。对于男性员工，在 40 岁以上年龄段，每年开展一次前列腺癌筛查，包括前列腺特异抗原（PSA）检测、直肠指检以及前列腺超声检查等项目；对于女性员工，在 35 岁以上，每两年进行一次乳腺癌筛查，采用乳腺超声与钼靶检查相结合的方式，同时每年进行一次宫颈癌筛查，涵盖宫颈细胞学检查（TCT）与高危型人乳头瘤病毒（HPV）检测。此外，鉴于疾控中心工作的特殊性，对于长期从事传染病防控一线工作的员工，增加了定期的传染病病原体检测与免疫力评估项目，如每半年进行一次流感病毒、结核杆菌等常见传染病病原体检测，同时通过检测淋巴细胞亚群、免疫球蛋白等指标评估员工的免疫功能状态，以便及时发现潜在的健康风险并采取针对性的预防措施。

在健康风险评估环节，中心构建了一套科学完善的评估模型。员工首先需填写涵盖个人基本信息、家族病史、生活方式（包括饮食、运动、吸烟饮酒习惯等）、工作环境与压力等多维度的健康问卷，随后结合年度体检数据以及专项筛查结果，运用大数据分析与医学专业算法，为每位员工生成一份详尽的个人健康风险评估报告。报告内容包括员工当前的健康状况概述、潜在疾病风险预测（如未来5~10年内患心血管疾病、糖尿病等慢性疾病的风险概率）、个性化的健康生活方式建议（如饮食结构调整建议、每周运动时长与强度推荐、戒烟戒酒计划等）以及针对性的疾病预防措施（如针对高风险人群的疫苗接种建议、定期复查项目与频次等）。例如，对于一位有高血压家族史、长期处于高压力工作环境且缺乏运动的员工，评估报告可能提示其未来5年内患心血管疾病的风险较高，建议其调整饮食结构，减少盐与油脂摄入，每周至少进行150分钟的中等强度有氧运动（如快走、慢跑、游泳等），并定期监测血压，在医生指导下考虑服用降压药物进行预防性治疗。

在疾病治疗与康复保障方面，中心与区域内多家顶尖医疗机构建立了深度战略合作伙伴关系，搭建了便捷高效的就医绿色通道与全方位的医疗资源共享平台。与省人民医院、医科大学附属医院等三甲医院签订合作协议，为员工提供优先挂号、专家门诊加急预约（可在24小时内预约到知名专家号）、住院床位快速调配（确保在一周内安排入院）等特权服务。针对员工常见的慢性疾病，如糖尿病、高血压、关节炎等，中心设立了慢性疾病管理专项基金。员工在接受规范治疗的过程中，可申请该基金的费用补贴，用于支付部分自费的治疗费用、药品费用以及康复治疗费用。例如，对于糖尿病患者的胰岛素注射笔、试纸等耗材费用，基金可给予每年2000元的补贴；对于高血压患者的降压药物费用，在医保报销后的自费部分，基金可报销50%，年度报销限额为1500元。同时，中心与专业的康复医疗机构合作，为员工制定个性化的康复治疗方案。如为关节炎患者提供物理治疗（包括热敷、按摩、针灸、理疗仪治疗等）、康复训练指导（如关节活动度训练、肌肉力量训练等）以及辅助器具适配（如定制拐杖、轮椅、膝关节支具等）等一站式康复服务。员工在康复治疗过程中，可享受一定次数的免费康复治疗服务，超出部分由中心与康复机构协商给予优惠价格，员工自付费用比例不超过30%。

在心理健康深度支持层面，中心组建了一支由专业心理咨询师、心理治疗师以及精神科医生构成的跨学科心理健康服务团队，打造了多元化的心理健康服务平台。为员工提供一对一的私密心理咨询服务，咨询范畴涵盖工作压力疏导（如应对高强度工作任务、处理职场人际关系冲突等引发的压力）、职业倦怠干预（如帮助员工重新找回工作热情与动力，调整职业发展规划）、情绪情感调节（如缓解焦虑、抑郁、愤怒等不良情绪，提升情绪管理能力）以及家庭关系修复（如解决夫妻关系紧张、亲子沟通障碍等家庭问题）等多个领域。例如，一位因长期承担重大科研项目压力而出现严重失眠、焦虑情绪的科研人员，可预约心理咨询师进行一对一的心理辅导。咨询师通过运用认知行为疗法（CBT）、放松训练（如深呼吸放松、渐进性肌肉松弛训练等）以及正念冥想等专业技术，帮助该科研人员识别并调整负面认知模式，缓解身体紧张状态，逐步改善睡眠质量与焦虑情绪。同时，中心定期举办系列心理健康讲座与团体心理辅导活动。心理健康讲座每月至少举办一次，邀请国内知名心理学专家学者，聚焦当下热点心理健康话题，如"后疫情时代的心理调适""职场压力与心理健康维护""家庭关系与心理健康的相互影响"等，为员工普及心理健康知识，传授实用的心理调适技巧与方法。团体心理辅导活动则根据员工的不同需求与兴趣，设计了多样化的主题工作坊，如"团队凝聚力提升工作坊"（通过团队建设游戏、沟通协作训练等活动，增进团队成员之间的信任与默契，提升团队整体凝聚力）、"压力管理与应对工作坊"（教授员工多种压力管理策略，如时间管理技巧、情绪宣泄方法、积极心态培养等，帮助员工有效应对工作与生活中的压力源）、"人际沟通技巧训练工作坊"（通过角色扮演、案例分析、小组讨论等形式，提升员工的沟通表达能力、倾听理解能力以及冲突解决能力，改善职场人际关系）等。员工可根据自身需求自愿报名参加，每次活动参与人数控制在20~30人，确保每位参与者都能得到充分的关注与互动体验。

（三）员工家庭支持计划：工作与家庭平衡的稳固桥梁

员工家庭支持计划旨在精准破解员工因家庭事务而衍生的工作困扰难题，全力铸就员工家庭幸福感与工作稳定性的坚实基石。以某省教育考试院为例，其匠心独运的员工家庭支持计划深度整合了子女教育资源协同、老人护理服务网络搭建以及家庭应急保障机制构建等多维度举措。

在子女教育资源协同方面，考试院积极与周边优质教育资源开展全方位深度合作，构建了涵盖入学支持、课外辅导与亲子互动的全链条服务体系。与多所知名幼儿园、中小学以及教育培训机构建立长期稳定的合作关系，为员工子女提供入学咨询与精准协助服务。

在每年的招生季前夕，组织举办大型教育招生咨询会，邀请合作学校的招生负责人、教育专家亲临现场，为员工详细解读招生政策、入学流程、报名技巧以及学校特色等关键信息，并为员工子女的入学申请提供强有力的推荐信与全方位的材料准备指导。例如，对于有子女报考重点中学的员工，考试院会安排专人协助整理孩子的学习成绩报告、获奖证书、特长展示材料等，并与中学招生办进行提前沟通与推荐，提高入学申请的成功率。同时，为员工子女量身定制了丰富多元的课外辅导课程资源库。与专业的教育培训机构合作，开设线上线下融合的学科辅导课程（包括语文、数学、英语、物理、化学等核心学科），根据不同年级与学业水平划分课程层次，如针对基础薄弱学生的夯实基础课程、面向中等水平学生的提升拓展课程以及为学有余力学生准备的竞赛培优课程。员工可依据子女的学习状况与需求，每年为其免费报名 2~3 门课程。此外，定期举办亲子教育实践活动，如亲子阅读分享会，每月设定特定主题，鼓励家长与孩子共同阅读相关书籍，并在分享会上交流心得感悟；亲子户外拓展活动每季度开展一次，设计诸如亲子登山比赛、户外寻宝游戏等项目，增进亲子间的情感交流与默契培养；亲子手工制作大赛则在重要节日期间举行，如春节、儿童节等，提供如剪纸、陶艺、木工等多种手工制作选项，提升孩子的动手能力和创造力，同时营造浓厚的家庭文化氛围。

在老人护理服务网络搭建方面，考试院与专业养老服务机构及社区养老服务中心建立广泛合作网络，构建起老人护理服务的全方位信息咨询与贴心推荐体系。深入调研员工家庭中老人的护理需求与健康状况，为员工提供个性化的护理服务方案。当员工家中老人因身体原因需要专业护理时，依据老人的自理能力、疾病状况以及家庭经济状况等因素，精准推荐合适的居家养老服务机构或社区养老服务项目。例如，对于轻度失能老人，推荐具备日常照料、康复护理、精神慰藉等综合服务功能的社区日间照料中心，员工可根据实际需求选择每周 3~5 天的日间托管服务，费用由考试院与社区协商给予一定优惠，员工自付部分可享受每月 500 元的补贴上限；对于重度失能老人，协助联系专业的居家养老服务机构，提供 24 小时的上门护理服务，包括生活照料（如喂食、洗漱、翻身等）、医疗护理（如换药、打针、康复训练等）以及紧急救援服务等，考试院与服务机构签订合作协议，确保员工享受 8 折优惠价格，并设立专项护理补贴基金，员工每月可申请最高 1000 元的补贴用于支付护理费用。同时，针对员工因照顾老人而产生的工作与家庭时间冲突问题，在工作安排上给予充分的弹性与人性化支持。如允许员工在特殊时期采用远程办公模式，根据实际情况调整工作时间，每月可累计申请不超过 5 天的弹性工作时间，确保员工能够在兼顾家庭责任的同时，不影响工作任务的顺利推进。

在家庭应急保障机制构建方面，考试院建立了家庭应急援助专项基金与高效应急响应机制。家庭应急援助专项基金由单位年度拨款、员工自愿捐款以及社会捐赠等多渠道筹集而成，初始资金规模设定为 100 万元，并依据实际使用情况与年度预算进行动态补充。当员工家庭遭遇突发重大事件，如重大疾病、严重自然灾害、意外事故等时，可迅速申请家庭应急援助基金。基金审批流程秉持高效便捷原则，员工提交申请后，由专门的应急援助基金管理小组在 3 个工作日内完成审核与评估工作，根据事件的严重程度与实际经济需求确定援助金额。例如，对于员工家庭成员突发重大疾病，如癌症、急性心肌梗死等，在扣除医保报销与商业保险赔付后，仍面临高额医疗费用负担的情况，基金可给予 3 万~10 万元不等的援助资金；对于遭受严重自然灾害（如地震、洪水等）导致家庭财产重大损失的员工，根据损失评估报告，提供 2 万~5 万元的应急救助资金用于家庭重建与生活恢复；在意外事故（如交通事故、火灾等）导致员工家庭主要劳动力伤亡或家庭财产严重受损时，基金将视具体情况给予 5 万~10 万元的援助，以帮助家庭渡过难关。同时，构建了完善的应急响应机制，成立由单位领导、人力资源部门、工会代表以及外部专业救援人员组成的应急响应小组。在接到员工家庭应急事件报告后，应急响应小组立即启动响应预案，第一时间赶赴现场提供援助。如在员工家中发生火灾事故后，应急响应小组迅速协调消防部门进行灭火救援，同时安排专人协助员工处理火灾后续事宜，包括与保险公司对接理赔事宜、寻找临时住所、提供心理安抚与疏导等，并全程跟进事件处理进度，直至员工家庭生活恢复正常秩序。

第三节　薪酬福利与绩效关联策略对效能提升的协同作用

一、薪酬福利与绩效关联策略框架构建

（一）绩效奖金的差异化发放规则

以某省电子信息产品质量监督检验所为例，其绩效奖金的发放规则经过精心设计，全面且细致地考量了多方面因素。

首先，确立基础绩效指标体系，包含工作纪律遵守情况、日常检验任务完成量以及检验数据准确性三个主要方面。工作纪律方面，涵盖出勤准时率、请假天数是否超标、有无违反所内规章制度等，该项占基础绩效的 20%。例如，若员工月度迟到次数超过 3 次或者无故旷工 1 天，将根据相应比例扣除该部分绩效分数。日常检验任务完成量则依据不同岗位设定明确的量化标准，如电子设备性能检测员每月需完成规定数量的产品检测报告，若未达到标准的 80%，则在该项指标上得分大打折扣，此项占基础绩效的 50%。检验数据准确性至关重要，由所内质量审核小组通过抽检、复核等方式进行评估，一旦发现数据错误率超过允许范围（如 1%），将视情节严重程度扣除相应分数，该部分占基础绩效的 30%。基础绩效达标的员工可获得基础绩效奖金，金额为月工资的 30%。

其次，针对岗位特性制定关键绩效成果（KPO）指标。对于电子电器安全检测岗位，KPO 重点聚焦于重大安全隐患发现数量（占 40%）、检测技术优

化成果（占 30%）以及参与行业安全标准制定的贡献（占 30%）。例如，在对某批次智能家电的检测中，检测员凭借精湛的技术和敏锐的洞察力，发现一款产品存在严重的漏电风险隐患，这一发现避免了可能引发的重大安全事故，在重大安全隐患发现指标上获得显著加分。对于电磁兼容检测岗位，KPO 包括复杂电磁干扰问题解决案例（占 40%）、新型检测方法研发与应用（占 30%）以及对企业电磁兼容整改方案的有效指导（占 30%）。若检测人员成功研发出一种能够快速定位并解决电子产品电磁兼容问题的新方法，并在多家企业推广应用，取得良好效果，将在相应 KPO 指标上得到高度认可。KPO 绩效奖金依据成果达成情况在月工资的 0~50% 之间浮动。

此外，设置特殊贡献奖励机制。若员工在处理突发质量安全事件中发挥关键作用，如在某电子产品因质量问题引发市场风波时，迅速准确地找出问题根源并提供解决方案，维护了行业声誉；或者在国际检测技术交流合作中有突出表现，如代表本所在国际权威检测技术研讨会上作精彩报告并展示先进检测成果，经所里特殊贡献评定委员会严格审议通过，可获得 5 万~15 万元特殊贡献奖金。若团队整体在国家级重大检测项目中取得卓越成绩，如圆满完成对某新型航天电子设备的可靠性检测任务，团队可获得 30 万~80 万元的团队奖励基金，由团队成员根据各自贡献大小合理分配。

（二）绩效与福利升级的挂钩方式

某省社会科学院将绩效与福利升级进行了深度且富有创意的挂钩。

在学术资源福利方面，对于年度绩效评估为优秀（绩效得分在 90 分以上）的科研人员，可获得专属的学术资料数据库高级访问权限，能够查阅更多国际顶尖学术期刊、珍稀历史文献资料以及专业领域的深度研究报告，且所里每年为其提供 10 万元的专项学术著作出版补贴，助力其科研成果广泛传播。对于绩效良好（绩效得分在 80~89 分）的人员，可优先申请使用院图书馆珍藏的限量版学术典籍，并在学术论文发表版面费报销上享受 80% 的高额补贴，鼓励其积极分享研究成果。

在调研考察福利方面，绩效优秀的学者可获得每年 2 次的国内外顶级学术研讨会参会邀请，所里承担全部差旅费用，并安排与国际知名学者一对一交流的机会，拓宽研究视野，汲取前沿学术理念；同时可优先申请国家级重点调研课题项目，所里提供充足的调研经费支持以及专业的调研团队协作。绩效良好的人员可参与省部级重要调研项目，并在省内调研活动中获得更多的资源调配权，如优先选择调研地点、获取更丰富的基层数据资料等。

在休假与健康福利上，绩效优秀的员工在法定年假基础上额外获得15天带薪学术休假，可前往全球知名学术研究机构进行短期访学交流，休假期间工资福利照常发放，并给予一定的生活补贴；绩效良好的员工额外获得8天带薪休假，可参加院里组织的高端健康体检套餐以及专业的心理健康咨询与辅导课程，休假期间工资福利不受影响，确保员工在高强度的科研工作之余能够及时调整身心状态。

二、薪酬福利与绩效关联策略的实施案例与成果

某省纺织工业设计研究院在激烈的市场竞争与行业变革浪潮中，深入推行薪酬福利与绩效关联策略，收获了多维度的显著成效。

（一）绩效奖金发放：精细评估与激励成效

1. 创新性与市场适应性评估

组建多元专业评审团队，成员涵盖纺织行业权威专家、时尚潮流预测师、市场调研分析师等，对项目设计的创新性展开深入剖析。如在新型高性能纤维面料设计项目中，团队突破性地融合了生物基纤维与智能纤维，创造出一种可随环境温度和湿度变化自动调节透气性与保暖性的面料，此创新技术在全球纺织领域处于领先地位，经评审在创新性指标上斩获高分。

针对市场适应性，项目团队在设计前期开展多维度市场调研。在国内，于华东、华南、华北等主要消费区域的大型商场、纺织品批发市场以及线上购物平台收集了超15 000份消费者反馈，运用数据分析模型精准洞察消费者对于面料的功能需求（如抗菌、抗皱、防晒等）、审美偏好（颜色、图案、纹理）以及价格接受区间。基于调研结果，设计的面料不仅功能契合市场需求，且外观设计引领当季时尚潮流，价格定位精准匹配目标消费群体，在市场适应性评估中表现卓越，该项在绩效奖金系数中占比40%。

2. 经济效益考量

全面核算项目经济效益，除新增销售额这一关键指标外，深入分析成本构成与利润结构。在新型高性能纤维面料项目里，团队通过与全球优质原材料供应商建立长期战略合作，成功降低原材料采购成本 18%；引入先进生产设备与自动化生产工艺，使生产效率提升 35%，人工成本降低 25%，从而实现项目利润率同比增长 40%。

此外，考虑项目对企业产品线延伸与品牌价值提升的长期效益。该项目产品上市后，带动企业相关配套产品销售额增长 20%，并助力企业在高端纺织市场树立了创新型品牌形象，提升品牌知名度与美誉度，为企业未来 5 年的市场拓展与盈利增长奠定坚实基础，这部分在绩效奖金系数中占 40%。

3. 按时交付评估

依托先进的项目管理软件与严谨的进度监控机制，对项目各阶段进行精细化管理。从项目启动会明确各阶段里程碑与交付物，到每周项目进度汇报会及时协调解决问题，再到利用项目管理软件实时跟踪任务完成情况。在新型高性能纤维面料项目中，团队通过优化项目流程，并行开展部分设计与工艺研发工作，成功将项目交付周期从计划的 13 个月缩短至 10 个月，提前抢占市场先机，在按时交付指标上获得相应绩效奖励，该项占绩效奖金系数的 20%。

4. 奖金激励成果

凭借在创新性、市场适应性、经济效益与按时交付方面的出色表现，项目团队成员获得了丰厚回报。项目负责人因卓越的领导与决策能力，绩效奖金达 60 万元。核心成员如主设计师在面料创新设计上的独特贡献、技术骨干在纤维混纺工艺研发中的关键突破以及市场推广负责人在产品市场定位与营销策划中的精准策略，平均绩效奖金为 30 万元。这一激励机制极大地激发了团队成员的工作热情与创造力，为后续项目开展注入强大动力。

（二）福利升级：贴心关怀与人才凝聚

1. 住房公积金提升助力员工安居

将绩效优秀员工的住房公积金缴存比例由单位与个人各缴 10% 调整为单位缴 12%、个人缴 10%。以一位工作 5 年的中级设计师为例，其月工资为

1万元，调整前每月住房公积金缴存额为2000元，调整后增至2200元，每年多缴存2400元。长期来看，这为员工购房、偿还房贷或用于住房相关的重大支出提供了更有力的资金支持，增强员工生活稳定性与归属感。

2. 交通补贴优化彰显人文关怀

摒弃传统固定金额交通补贴模式，依据岗位特性定制交通费用报销套餐。对于经常往返于国内外纺织展会、客户工厂及原材料产地的业务拓展人员，每月交通补贴上限提升至1500元。他们可根据实际出行需求，灵活选择交通方式，确保在长途奔波中保持良好工作状态；而对于主要在市内进行设计工作室与纺织企业间通勤的设计人员，交通补贴套餐根据其平均通勤成本设定，如每月1000元，可涵盖公交、地铁、出租车等多种出行方式费用，满足日常通勤需求，提高员工工作便利性与满意度。

3. 子女教育福利解决员工后顾之忧

与当地知名艺术院校建立深度合作桥梁，为绩效优秀员工子女提供丰富教育资源。如免费的艺术特长培训课程，涵盖绘画（素描、水彩、油画等）、音乐（钢琴、小提琴、声乐等）、舞蹈（民族舞、现代舞、芭蕾舞等）、戏剧表演（话剧、音乐剧等）多个领域，且由院校资深教授与专业教师授课，每周课程时长累计达10小时以上。同时，员工子女享有优先参与院校举办的各类艺术展览、演出活动的特权，如在年度大型校园艺术展中，可优先获得展位展示自己的作品，在重要演出活动中优先参与选拔，为孩子艺术成长提供广阔平台，有效提升员工对设计院的忠诚度与归属感。

（三）组织效能提升：全面突破与持续发展

1. 项目承接数量显著增长

员工积极性与创造力被充分激发，在项目投标过程中展现出更强竞争力。例如，在近期某大型纺织工业园区规划设计项目招标中，设计院团队凭借创新设计理念（如融合绿色环保、智能化生产与人性化工作生活空间布局）、精准成本控制方案（通过优化设计减少不必要建设成本15%）以及高效项目执行计划（项目周期缩短20%），在众多竞争对手中脱颖而出，成功中标。

吸引优秀人才加盟扩充团队实力。过去一年，通过良好薪酬福利与绩效激励机制，成功引进5名具有国际知名纺织设计机构工作经验的高端人才，他们带来先进设计理念与国际前沿技术，增强了设计院在大型复杂项目承接上的能力，使项目承接数量同比增长 38%，从原来每年 50 个项目攀升至 69 个项目。

2. 项目完成质量大幅跃升

员工追求高绩效促使项目执行过程更加严谨规范。在项目设计阶段，团队成员开展多轮头脑风暴与方案比选，确保设计方案的科学性与创新性；在生产制造环节，与合作工厂建立紧密质量监控体系，对原材料检验、生产工艺参数监控、成品检验等环节进行全程把控；在项目交付后，及时开展客户满意度调查并收集反馈意见，针对问题迅速整改完善。

如在某高端定制纺织服饰系列设计项目中，团队从面料选择、款式设计到制作工艺均精雕细琢，采用顶级丝绸面料与手工刺绣工艺，结合人体工程学设计理念，打造出既美观舒适又独具文化内涵的服饰产品。该项目在省级纺织工业设计项目质量评估中荣获优秀，带动全院优秀项目比例从 32% 提升至 48%。

3. 员工流失率显著降低

竞争力薪酬福利让员工价值得以充分体现。以一位资深纺织工艺工程师为例，其年度绩效优秀，获得高额绩效奖金、住房公积金提升、子女教育福利改善等多重激励，使其感受到自身努力与回报成正比，对设计院满意度大幅提升。

良好的职业发展机会与绩效激励机制为员工开辟广阔晋升通道。过去两年，共有 8 名基层员工因绩效突出被提拔为项目主管或部门骨干，他们在新岗位上继续发光发热，同时也激励其他员工积极进取。这使得员工流失率从每年 13% 稳步下降至 7%，为设计院持续稳定发展提供坚实人才保障。

第七章　员工关系与沟通：效能提升的人文保障

第一节　员工关系管理的效能导向原则与创新实践

一、员工关系管理的效能导向原则

员工关系管理的效能导向原则涵盖了公平公正、和谐稳定与沟通有效三大核心要素。以某省教育考试院为例，公平公正原则通过构建精细的薪酬体系和透明的晋升规则，激发员工的积极性与创造力，确保每位员工都能清晰了解自身价值及晋升途径，避免消极怠工情绪，促进单位整体工作效能的稳定提升。同时，和谐稳定原则在某省文化遗产保护中心得到体现，通过倡导包容多元的组织文化，鼓励员工相互学习与协作，有效减少内部冲突，保障项目高效推进，提升工作效能与成果质量。此外，有效沟通原则在某省疾病预防控制中心得到实践，通过建立多渠道的沟通机制，包括全体员工大会、日常沟通会议及线上沟通平台，确保信息及时传达与反馈，特别是在应对突发公共卫生事件时，能够迅速协调资源、传达指令，体现沟通在提升组织效能方面的关键作用。

二、员工关系管理的创新实践

（一）员工参与决策机制

1. 决策机制构建与流程

某省科技情报研究所实施了一套系统的员工参与决策机制。在启动重大决策时，如年度科研项目规划、重点研究方向调整等，首先由所领导提出初步决策框架。随后，组织全体员工参与研讨会议，员工基于自身专业、市场需求及前沿科技情报提出建议。所领导团队记录、整理并评估员工建议，将其有价值部分整合到项目规划中。最后，通过联席会议对修订后的规划进行审议，确定最终方案。

2. 员工参与决策的作用

提升决策科学性：员工从多角度提供信息，使决策更全面、前瞻。

增强员工归属感与认同感：参与决策让员工感受到自身价值，提高工作积极性。

促进项目执行效能提升：员工对项目深入理解，增强主动投入与协作，提升项目推进速度和成果质量。

（二）员工申诉处理新流程

1. 申诉发起与受理

在某省体育训练中心，当员工认为在训练资源分配、绩效评估结果、奖惩措施等方面存在不公平时，可启动申诉程序。员工须在自认为权益受损事件发生后的5个工作日内向中心的申诉处理办公室提交书面申诉材料。申诉材料要求包含详细的申诉事由，如在训练资源分配申诉中，需说明申请资源的具体内容（如特定训练器材、训练场地使用时间等）、申请依据（如自身训练计划需求、过往训练成绩对资源的需求匹配度等）以及认为分配不公的具体表现（如其他同水平运动员获得更多资源或资源分配标准未明确公示等）；个人诉求应明确清晰，如要求重新评估资源分配方案、调整绩效评估结果或撤销不当奖惩措施等；同时需附上相关证据材料，如训练记录数据、与相关管理人员沟通记录、绩效评估标准文件等。

申诉处理办公室在收到申诉材料后的3个工作日内进行初步审核。审核内容包括申诉材料的完整性，如是否涵盖所有必填信息；申诉事由的合理性，判断是否属于正常申诉范畴而非无端猜测或恶意申诉；证据材料的有效性，检查证据是否真实、与申诉事由是否紧密关联且具有证明力。若申诉材料不符合要求，申诉处理办公室将在1个工作日内通知申诉员工补充完善材料，并告知补充期限（一般为3个工作日）。若申诉符合受理条件，申诉处理办公室将正式启动申诉处理流程，并通知申诉员工及相关涉事部门。

2. 调查与处理

申诉处理办公室在受理申诉后，将组织独立的调查小组。调查小组由人力资源专家（负责从人力资源管理政策、员工权益保障法规等方面进行专业评估）、相关业务部门代表（如涉及训练资源分配申诉则邀请训练部门主管，绩效评估申诉则邀请评估小组负责人等，以便从业务操作流程和实际情况角度提供信息）以及外部公证机构人员（如体育行业协会代表或法律专业人士，以确保调查的公正性和权威性）组成。

调查小组在 10 个工作日内对申诉事件进行全面深入的调查。首先，查阅相关文件资料，如训练资源分配制度文件、绩效评估细则、奖惩制度手册等，检查制度是否完善、执行过程是否符合规定；其次，访谈相关人员，包括申诉员工、涉事管理人员、同事以及其他可能涉及的人员，详细了解事件发生的过程、各方的行为和意图；同时，收集多方面证据，如监控视频记录（若涉及场地使用争议等情况）、财务支出凭证（若涉及资源采购与分配的经济问题）、证人证言等。例如，在一次运动员对训练资源分配申诉事件中，调查小组详细审查了训练资源分配的依据（根据运动员近期比赛成绩、训练阶段目标设定的资源分配标准）、标准（不同成绩和训练阶段对应的资源类型和数量）以及实际执行情况（实际分配给申诉运动员的资源与标准的对比），同时对涉及的教练（了解其分配资源的考虑因素）、管理人员（掌握资源分配流程的执行细节）以及其他运动员（获取同类情况对比信息）进行了访谈。

调查结束后，调查小组向申诉处理办公室提交详细的调查报告与处理建议。调查报告应包括事件背景、调查过程、查明的事实真相、各方责任认定等内容；处理建议则依据调查结果提出，如在资源分配申诉中，若发现分配标准执行错误，建议按照正确标准重新分配资源并对相关责任人进行培训或批评教育；若绩效评估申诉中发现评估过程存在主观偏见，建议重新组织公正的评估或对评估结果进行适当调整。

申诉处理办公室根据报告与建议，在 5 个工作日内做出最终的处理决定，并向申诉员工及相关部门进行通报。处理决定应明确说明对申诉事项的判定结果（如申诉成立或不成立）、采取的具体措施（如资源重新分配的时间和方式、绩效评估结果的调整内容等）以及后续跟进要求（如对相关制度的修订完善计划、对员工满意度的跟踪回访安排等）。

3. 对效能的效果

员工关系改善：通过这一申诉处理流程，员工感受到了组织对他们权益的重视与保护，增强了对组织的信任度。在实施该流程后的一年里，因员工对管理决策不满而产生的内部矛盾与消极情绪减少了约 40%。例如，以往因绩效评估结果争议导致的员工之间、员工与管理层之间的争吵与隔阂明显减少，团队氛围更加和谐融洽，员工之间的协作意愿增强，在团队训练项目中的配合默契度提高了约 30%。

工作积极性提升：员工对组织的信任度提升转化为工作积极性的提高。运动员在训练中更加主动刻苦，训练时间平均每周增加了 5 个小时，训练强度提升了约 20%；教练员和管理人员也更加积极地投入到工作中，主动优化训练计划和管理方案，如教练员根据运动员个体差异制定个性化训练计划的比例从原来的 60% 提高到了 80%，管理人员提出并实施的管理创新举措数量较以往增加了 50%，从而促进了训练中心整体训练效果与竞赛成绩的提高。在省级体育赛事中，训练中心运动员的获奖数量较上一年度增长了 35%，在全国性赛事中的排名也有显著提升。

第二节　内部沟通机制建立与优化对效能提升的助力

一、正式沟通渠道

（一）会议制度

1. 层级与频率

某省交通运输厅构建了层次分明的会议沟通体系。年度战略规划大会于每年 1 月初举行，由厅长主持，全厅领导及关键部门负责人参加，旨在总结过去、分析问题、规划未来。例如，依据交通流量数据和经济发展趋势，确定公路建设重点。季度工作部署会每季度首月中旬召开，由各副厅长组织，细化年度目标为季度任务。如第一季度部署会，详细规划公路项目前期准备和公交服务提升措施。月度业务协调会则更为灵活，由业务处室根据需求发起，协调解决具体问题，如桥梁建设项目的进度、质量、安全及物资供应等。

2. 会议流程与规范

年度战略规划大会流程严格。会前一个月下发通知收集资料，会议期间厅长作年度工作报告，各处室负责人 PPT 汇报并接受提问讨论。季度会和月度会同样遵循规范流程，会前准备详细资料，会上汇报讨论并形成会议纪要，确保决策执行。

（二）报告制度

1. 报告类型与内容要求

某省自然资源厅实行全面的报告体系，包括日报、周报、月报和年报。日报记录基层工作详情，如土地测绘数据、特殊地形处理及工作交互情况。周报由科室负责人汇总分析，提炼亮点与不足，并规划下周工作。月报注重宏观分析，总结业务进展、协作成效及政策问题，如土地供应、矿产开采及政策调整建议。年报则全面总结年度工作，规划下一年度思路。

2. 报告流转与处理机制

日报由基层人员提交至科室负责人审阅批示，必要时转发协同处理。周报经处室领导审阅讨论后，跨处室问题汇总提交分管副厅长协调。月报由厅办公室整理分类，厅长组织月度工作分析会讨论决策。年报由厅办公室牵头编制，经审议修改后提交上级主管部门并公示。这一机制确保了报告的及时流转与有效处理，支持了组织的决策与管理。

二、非正式沟通渠道

（一）员工社交活动

1. 活动形式与组织安排

某省文化和旅游厅组织多样化的员工社交活动。每月的“文化之旅分享会”邀请员工分享文化遗产保护或旅游资源开发经验，如古镇保护项目分享，促进跨部门了解。每季度的“文旅户外拓展行”则以团队竞赛形式，结合文化知识竞赛与户外挑战，增强团队合作与友谊，打破部门界限。

2. 活动效果与作用机制

这些活动显著增强了员工间的沟通。分享会使艺术创作与旅游推广部门紧密合作，共同挖掘文化旅游资源。户外拓展活动则建立了深厚的友谊与信任，使部门间协作更加顺畅，提高工作效率与质量。

（二）内部论坛

1. 论坛搭建与功能模块设置

某省水利厅建立了功能全面的内部在线论坛。设有“水利政策解读与研讨区”，及时发布政策并解读，促进员工深入理解；“水利工程建设经验交流区”，按工程类型划分子板块，分享经验教训与技术创新；“水利热点话题辩论区”，针对热点话题开展辩论，为决策提供参考。

2. 论坛运营与管理机制

论坛由厅办公室管理，设有技术维护、内容审核与话题引导团队。技术维护确保论坛稳定运行；内容审核保障内容合法合规，积极健康；话题引导促进深入讨论，协调争议话题，维护良好交流氛围。通过这些机制，论坛成为员工交流思想、分享经验、碰撞智慧的重要平台。

第三节　员工满意度与忠诚度提升策略对效能的稳固作用

一、影响员工满意度与忠诚度的关键因素剖析

（一）物理环境：设施与布局的双重效应

办公设施的品质直接关联员工的工作体验。以某省统计局为例，其数据处理工作对电脑性能要求极高。若电脑设备陈旧，如处理器性能落后，内存容量不足，在处理大规模统计数据时，运行速度会极其缓慢。像进行人口普查数据汇总分析时，可能导致数据加载时间过长，软件频繁出现无响应状态，不仅严重影响工作效率，还可能因系统崩溃造成数据丢失或错误，使员工长

时间的工作成果付诸东流，进而引发员工强烈的焦虑与挫败感。而配备高性能电脑，如采用多核高性能处理器、大容量高速内存以及快速固态硬盘，能让数据处理软件快速响应，高效地开展工作，提升其对工作环境的满意度。据统计，在改善办公设施后，员工的工作效率平均提升了 25%，对工作环境的好评率增加了 30%。

办公空间的布局同样不容忽视。某省气象局采用开放式办公布局，便于气象预报员、气象观测员与数据分析师等不同岗位的员工随时交流天气数据与分析结果，及时调整预报模型。例如在暴雨预警工作中，观测员发现降雨量数据异常升高，可立即与数据分析师沟通，快速排查数据准确性，随后与预报员交流，为其调整预报模型提供依据，从而更精准地发布暴雨预警信息。同时，设置独立的会商室与资料室，会商室配备先进的多媒体展示设备与高清视频会议系统，为重要天气会商提供清晰流畅的交流平台；资料室采用专业的档案管理系统与防火防潮设备，确保气象历史资料的安全存储与便捷查阅。这种布局优化后，部门间的沟通效率提升了 40%，员工对空间布局的满意度达到了 85%。

（二）人文环境：文化与关系的协同力量

组织文化氛围塑造员工的价值观与归属感。某省文化和旅游厅积极营造创新包容的文化氛围，鼓励员工在文化遗产保护、旅游资源开发等工作中大胆提出新想法、尝试新方法。通过定期举办文化创意大赛、旅游线路设计竞赛等活动，员工之间形成了良好的竞争与合作关系，对组织的认同感显著增强。例如在一次旅游线路设计竞赛中，来自不同部门的员工组成团队，市场推广人员提供游客需求信息，旅游规划师设计线路框架，文化专家融入当地文化特色元素，经过多轮讨论与修改，最终设计出多条深受游客喜爱的特色旅游线路。调查显示，在这种文化氛围下，员工的主动离职率仅为 5%，远低于同行业平均水平。

领导与员工的关系影响员工的工作动力。某省农业农村厅领导注重与基层员工的沟通，每月至少进行一次一对一的面谈，倾听员工在农业技术推广、农村政策调研等工作中的困难与建议。领导还经常深入田间地头，与员工共同参与农业生产实践活动，让员工感受到尊重与支持。在农业新品种推广工作中，领导与基层员工一同到农户田间讲解种植技术要点，亲自示范操作，遇到问题共同探讨解决方案。在这种领导风格下，员工对领导的满意度高达95%，工作积极性大幅提高。

二、提升员工满意度与忠诚度的策略实施

（一）设施更新与优化：满足员工工作需求与健康保障

某省自然资源厅的办公设施更新计划有着严谨的流程。每年年初，由信息技术部门联合业务科室骨干组成评估小组。评估小组首先使用专业的软件性能监测工具，如PCMark、3DMark等，对员工电脑在运行地理信息系统（GIS）软件、矿产资源规划软件等专业软件时的各项性能指标进行详细测试，包括CPU使用率、内存占用率、显卡帧率等。根据测试结果，结合软件开发商提供的推荐硬件配置，确定电脑更新标准。例如，对于从事地理信息数据处理的员工，要求新电脑的CPU性能评分在PCMark测试中达到20000分以上，内存读取速度不低于30000MB/s，显卡在处理三维地理数据时的帧率稳定在60fps以上。

在采购办公桌椅时，与专业的人体工程学研究机构合作。研究机构先对员工进行身体姿态监测，使用运动捕捉设备和压力传感器，记录员工在工作时的坐姿、脊柱弯曲度、腰部和臀部压力分布等数据。根据监测结果，定制桌椅。桌椅采用电动调节装置，调节精度可达1mm，座椅的腰部支撑采用可充气式气囊结构，员工可根据自身舒适度调节气囊压力。同时，在办公区域安装智能空气净化系统，该系统通过传感器网络实时监测空气质量，包括PM2.5、PM10、甲醛、TVOC等指标。当空气质量超标时，自动启动不同级别的净化模式，如在轻度污染时，启动初效过滤和活性炭吸附模式；在重度污染时，开启高效HEPA过滤和紫外线杀菌模式。经过设施更新后，员工因身体不适导致的请假天数减少了30%，对工作环境的满意度提升到了88%。

（二）空间改造与美化：营造和谐愉悦的工作氛围

某省生态环境厅在绿色植物景观设置上，邀请植物学家进行指导。植物

学家根据办公区域的光照时长、光照强度和温度变化等环境因素，制定详细的植物配置方案。在朝南靠窗、光照充足且温度较高的区域，种植大型的散尾葵和橡皮树。散尾葵的叶片能够有效吸收阳光中的紫外线，降低室内温度，同时其蒸腾作用能增加空气湿度；橡皮树的厚实叶片可以吸附空气中的灰尘和有害气体。在光照较弱、温度较低的走廊尽头等区域，种植耐阴的文竹和富贵竹，它们不仅能美化环境，还能在低光照条件下进行光合作用，释放氧气。

休闲交流区的打造注重细节和功能分区。交流区面积约为 60 平方米，分为休闲区和讨论区。休闲区摆放着柔软的布艺沙发，沙发采用高回弹海绵填充，外包环保面料，颜色为淡蓝色和米白色相间，给人以宁静舒适的感觉。茶几选用实木材质，桌面镶嵌有大理石板，既美观又耐用。讨论区配备可移动的会议桌椅，方便员工进行小组讨论和头脑风暴。饮品设施方面，设置了咖啡吧，配备专业的半自动咖啡机，提供多种咖啡豆选择，还有鲜榨果汁机，为员工提供新鲜健康的饮品。

走廊墙壁的环保主题展示区采用互动式设计。除了展示摄影作品和艺术画作外，还设置了电子显示屏，播放环保主题的短视频和动画，如介绍垃圾分类的趣味动画、展示生态修复成果的纪录片等。同时，在展示区设置二维码，员工和访客可以通过扫描二维码获取作品的详细介绍和作者信息，还可以参与线上环保知识问答和互动留言。员工心理咨询室的装修采用自然风格，墙面使用木质装饰板，地面铺设环保地毯，营造出温馨宁静的氛围。室内配备专业的心理测评软件和放松设备，如生物反馈仪、音乐放松椅等，咨询师根据员工的心理状态选择合适的测评和放松方式。空间改造与美化后，员工的工作压力感降低了 25%，团队凝聚力增强了 20%。

第八章　法律法规与合规性管理：效能保障的法律防线

第一节　人力资源管理相关法律法规对效能的规范与保护

一、人力资源管理关键法律法规深度解析

（一）《中华人民共和国劳动法》

1. 平等就业条款

《中华人民共和国劳动法》（以下简称《劳动法》）第十二条规定，劳动者就业，不因民族、种族、性别、宗教信仰不同而受歧视。在事业单位招聘场景中，这一规定犹如基石，确保了人才选拔的公正性与客观性。以某省博物馆为例，其在招聘文物讲解员岗位时，收到了来自不同背景的求职者简历。其中有一位少数民族女性求职者，在面试过程中表现出色，无论是对文物知识的了解，还是讲解能力与表达技巧，都符合岗位要求。然而，个别面试官却因个人偏见，认为该求职者的民族服饰可能会在某些特殊展览活动中与整体氛围不协调，从而对其录用产生犹豫。但根据《劳动法》，这种基于民族因素的考量是完全违法的。若该博物馆因这种不当理由拒绝录用这位求职者，一旦被投诉，劳动监察部门将会介入调查。

2. 工作时间与休息休假规定

《劳动法》第三十六条明确标准工时制度，即每日工作时间不超过 8 小时，平均每周工作时间不超过 44 小时。对于事业单位而言，严格执行这一规定对于保障员工的身心健康和工作效率至关重要。以某省教育考试院为例，在一次高考组织工作中，为了确保各项任务按时完成，部分部门负责人曾计划安排员工连续多日每天工作超过 10 小时，且无双休日。员工们依据《劳动法》

提出异议，认为这将严重影响他们的工作状态和生活质量。单位领导高度重视，立即组织召开专项会议，重新规划工作流程。一方面，提前与其他相关部门协调，增加临时工作人员支援，如从教育系统内其他单位抽调人员协助试卷保管与分发工作；另一方面，优化工作任务分配，将一些非核心但耗时的任务，如数据初步整理工作，外包给专业的第三方数据处理公司。通过这些措施，既保证了考试组织工作的顺利进行，又确保了员工的工作时间在法律规定范围内，避免了因过度劳累导致的工作失误和员工负面情绪，维护了单位内部的和谐稳定与工作效能的可持续性。

3. 工资支付规范

《劳动法》第五十条规定，工资应当以货币形式按月支付给劳动者本人。不得克扣或者无故拖欠劳动者的工资。某省地质勘查事业单位由于项目资金回笼周期较长，且在财务管理环节出现了一些内部沟通不畅与流程拖沓的问题，导致连续两个月未能按时发放员工工资。员工们面临生活经济压力，情绪波动较大，部分员工甚至开始担忧单位的财务状况是否稳定，进而影响到工作的专注度和积极性。一些野外作业的勘查队员因担心工资无法到账，影响家庭生活支出，在工作中出现了分心走神的情况，野外作业安全风险也随之增加。单位意识到问题的严重性后，迅速组织财务、人事等多部门联合成立专项工作组。财务部门加快与项目合作方的资金结算流程，积极与银行沟通协调，优先安排工资发放资金通道；人事部门则及时向员工解释工资延迟发放的原因、当前解决进展以及预计发放时间，并按照法律规定核算因延迟发放工资而产生的相应利息补偿。经过多方努力，工资最终得以顺利发放，单位也从中吸取教训，完善了财务管理制度，加强了部门间的信息共享与协同工作机制，避免了类似情况再次发生，从而稳定了员工队伍，保障了单位地质勘查项目的正常推进与组织效能的稳定发挥。

（二）《中华人民共和国劳动合同法》

1. 劳动合同订立细则

《中华人民共和国劳动合同法》（以下简称《劳动合同法》）第十条规定，建立劳动关系，应当订立书面劳动合同。已建立劳动关系，未同时订立书面劳动合同的，应当自用工之日起一个月内订立书面劳动合同。某省公共卫生事业单位在招聘一批医护人员和卫生防疫工作人员后，由于人事部门正处于新旧人员交替阶段，新入职员工的人事档案整理与合同签订流程出现混乱，部分医护人员入职超过一个月仍未签订书面劳动合同。其中一名经验丰富的护士在入职后的第二个月，在参与一次紧急疫情防控任务时不幸受伤。在工伤认定与后续治疗费用报销过程中，因未签订书面劳动合同，社保部门对其劳动关系的认定产生质疑，导致工伤待遇无法及时落实。该护士依据《劳动合同法》向劳动仲裁机构提出申诉，要求单位支付双倍工资并承担因未及时认定工伤而产生的额外医疗费用。劳动仲裁机构深入调查，调阅了单位的人员入职登记记录、工作排班表、同事证言以及该护士参与疫情防控工作的相关文件资料等，最终裁决该事业单位向该护士支付未签订书面劳动合同期间的双倍工资差额，并责令单位尽快完善劳动合同签订工作，同时协助该护士完成工伤认定与待遇申请手续。此案例深刻警示事业单位，人事管理流程中的任何疏忽都可能引发严重法律后果，不仅损害员工权益，还会使单位面临经济损失与行政监管压力，破坏单位内部管理秩序与人力成本控制体系。

2. 无固定期限劳动合同情形

根据《劳动合同法》第十四条，劳动者在该用人单位连续工作满十年的；用人单位初次实行劳动合同制度或者国有企业改制重新订立劳动合同时，劳动者在该用人单位连续工作满十年且距法定退休年龄不足十年的；连续订立二次固定期限劳动合同，且劳动者没有本法第三十九条和第四十条第一项、第二项规定的情形，续订劳动合同的，除劳动者提出订立固定期限劳动合同外，应当订立无固定期限劳动合同。某省图书馆有一位资深图书管理员，自大学毕业后就入职该馆，已连续工作满十年。在其劳动合同即将到期时，图书馆因考虑到数字化阅读服务的快速发展，计划对内部人员结构进行调整，减少传统纸质图书管理岗位人员，试图不再续签该管理员的合同。该管理员依据《劳动合同法》提出异议，认为自己符合订立无固定期限劳动合同的条件。劳动争议调解委员会介入后，详细审查了双方提供的证据材料，包括该管理员的入职时间证明、历年工作考核记录、图书馆的岗位调整规划文件等。依据相关法律规定，判定单位应当与该管理员订立无固定期限劳动合同，并按照原工资福利待遇继续履行劳动关系，同时要求图书馆为该管理员提供数字化阅读服务管理方面的培训机会，使其能够适应图书馆业务发展的新需求。此案例凸显了《劳动合同法》对事业单位长期员工权益的强力保障，防止单位因短期业务调整或其他不合理因素随意解除长期劳动关系，维护了员工队伍的稳定性和忠诚度，有利于事业单位传承专业知识与服务经验，保障文化服务工作的连续性与稳定性，进而提升组织的社会影响力与效能。

3. 劳动合同解除与终止规范

《劳动合同法》第三十九条规定了用人单位可以解除劳动合同的情形，如劳动者严重违反用人单位的规章制度的；严重失职，营私舞弊，给用人单位造成重大损害的等。某省体育训练中心的一名资深教练，在负责一支重点运动员队伍的训练期间，为了追求个人私利，与一些外部商业体育机构私下勾结。他在日常训练中故意减少对部分有潜力但未与这些商业机构签约运动员的训练指导，将更多的训练资源倾斜给与商业机构有关系的运动员，导致运动员队伍内部出现严重的不公平竞争现象，部分运动员的竞技水平不升反降，在重要赛事中成绩不佳，严重损害了体育训练中心的声誉与利益。单位在接到运动员匿名举报后，高度重视，立即成立专门调查组。调查组通过调取训练监控视频、与运动员和其他教练逐一谈话、审查教练与外部机构的通信记录和财务往来记录等方式，收集了充分确凿的证据。随后，单位依据《劳动合同法》第三十九条第二款，在经过详细调查并收集充分证据后，解除了与该教练的劳动合同。在解除过程中，单位严格遵循法定程序，召开职工代表大会详细说明情况，听取工会意见，并将解除决定书面通知该教练，同时向全体员工通报了处理结果，以起到警示作用。这一案例表明，《劳动合同法》在赋予事业单位合法解除劳动合同权利的同时，也要求单位严格遵循法定程序，确保解除行为合法合规，既可以维护单位内部管理秩序和组织声誉，又能避免因违法解除劳动合同而引发法律纠纷，保障组织效能免受不必要的干扰，维护体育事业的健康发展环境。

（三）《中华人民共和国劳动争议调解仲裁法》

1. 劳动争议范围明确

《中华人民共和国劳动争议调解仲裁法》（以下简称《劳动争议调解仲裁法》）第二条详细界定了劳动争议的范围，包括因确认劳动关系发生的争议；因订立、履行、变更、解除和终止劳动合同发生的争议；因除名、辞退和辞职、离职发生的争议；因工作时间、休息休假、社会保险、福利、培训以及劳动保护发生的争议；因劳动报酬、工伤医疗费、经济补偿或者赔偿金等发生的争议等。例如，某省水利事业单位与一名水利工程师就培训费用的承担问题产生争议。该工程师参加了单位选派的一项高级水利工程技术培训课程，培训费用由单位先行垫付，按照单位规定，员工在培训结束后须在单位服务一定年限，否则需按比例返还培训费用。但该工程师在培训结束后不久，因个人职业发展规划原因提出辞职。单位要求其按照规定返还部分培训费用，工程师则认为培训内容与实际工作需求脱节，且单位在培训前未明确告知服务年限与费用返还的详细计算方式，拒绝支付。双方无法协商一致后，单位依据《劳动争议调解仲裁法》向当地劳动争议仲裁委员会申请仲裁。仲裁委员会在受理案件后，首先要求双方提供详细的证据材料，包括培训协议、培训课程大纲、员工的辞职申请及理由说明、单位内部关于培训费用管理的规章制度等。经过仔细审查与多次调解会议，仲裁委员会根据双方提供的证据以及相关法律法规规定，最终裁定工程师按照合理比例返还部分培训费用，同时要求单位完善培训管理制度，明确培训内容与员工岗位需求的匹配度评估标准以及培训费用相关规定的告知程序。这一案例清晰地展示了《劳动争议调解仲裁法》在确定劳动争议受理范围方面的明确性和权威性，为事业单位与员工之间的各类纠纷提供了清晰的解决路径指引，避免因争议范围模糊而导致纠纷无法及时解决，影响组织内部和谐与工作效率，保障了事业单位人力资源管理决策在法律框架内的有效执行与调整。

2. 调解仲裁程序遵循

《劳动争议调解仲裁法》确立了劳动争议调解仲裁的基本原则，如自愿原则、合法原则等，并明确了劳动争议申请仲裁的时效期间为一年，从当事人知道或者应当知道其权利被侵害之日起计算。某省农业技术推广事业单位的一名农业技术员在被单位辞退后，认为单位的辞退决定不合理，其依据是单位在绩效考核过程中存在评价标准不透明、数据统计错误等问题。但该技术员在离职后的十个月内一直未采取任何法律行动，只是与原单位领导和同事进行了一些非正式的沟通与抱怨。在第十一个月时，该技术员才向劳动争议仲裁委员会申请仲裁。仲裁委员会在受理案件后，首先审查了时效问题，发现该技术员已超过一年的仲裁申请时效，且不存在时效中断或中止的情形。

根据《劳动争议调解仲裁法》，仲裁委员会决定驳回该技术员的仲裁申请。这一案例强调了《劳动争议调解仲裁法》对仲裁时效的严格规定，事业单位和员工都需要在规定的时效内行使权利，避免因时效问题而丧失法律救济途径，保障劳动争议解决机制的高效有序运行，维护组织人力资源管理的稳定性和可预测性。同时，也提醒员工在遇到劳动权益争议时，应及时了解并遵循相关法律规定，依法维护自身权益，而事业单位也应在日常管理中注重依法依规行事，减少潜在争议的发生。

二、案例分析——以某气象单位为例

（一）《中华人民共和国劳动法》方面

1. 劳动报酬合理支付保障工作积极性与业务质量

某省气象事业单位按照《劳动法》中关于劳动报酬应合理支付的规定，一直有着规范的工资核算与发放制度。然而，在一次全省气象观测站设备升级改造项目期间，由于项目资金的拨付流程较为复杂，涉及多个部门审批，出现了气象观测员岗位的加班补贴未能及时发放的情况。部分观测员长时间在野外站点进行设备调试、数据校准等额外工作，却迟迟未得到相应报酬，工作积极性受到极大影响，甚至出现个别观测点数据记录不够及时准确的现象，对气象预报等后续业务工作产生了一定干扰。

单位领导得知后，依据《劳动法》迅速组织财务、人事等相关部门进行协调沟通。财务部门加快与上级部门及相关财政机构对接，梳理资金审批环节的问题，开辟绿色通道优先处理加班补贴款项；人事部门则重新核对每位观测员的加班时长及对应的补贴标准，确保分毫不差。最终，在一个月内将拖欠的加班补贴足额发放到员工手中，并向员工诚恳致歉。

此后，观测员们的工作热情和责任心大幅回升，数据记录的准确率提升至98%以上，为气象预报模型提供了更精准的数据基础，使得全省气象预报的准确率提高了约5个百分点，有效保障了气象服务这一核心业务的效能，提升了单位在应对灾害性天气预警、日常气象服务等方面的社会认可度。

2. 女职工特殊劳动保护促进团队稳定性

气象部门有不少女职工从事气象数据分析、预报等工作，也有部分女职工会参与到野外气象观测站点的维护等一线任务中。依据《劳动法》对女职工特殊劳动保护的规定，单位为怀孕、哺乳期的女职工提供了相应的便利与保护措施。

例如，有一位从事气象数据分析的女职工怀孕后，单位按照规定为她调整了工作岗位，使其远离电脑机房等可能存在辐射隐患且较为嘈杂的环境，安排到相对安静、舒适的办公区域，并适当减少了工作量，同时保障其工资待遇不变。在哺乳期，单位还为她提供了专门的哺乳室，方便她照顾婴儿。

这些举措让女职工们感受到单位对她们的关怀与尊重，整个团队氛围更加和谐融洽，员工离职率明显降低，团队稳定性增强。稳定的人员队伍保障了气象数据处理、分析以及预报等工作的连贯性，使得一些长期气象研究项目得以顺利推进，如区域性气候变化趋势研究项目能够按计划开展并取得阶段性成果，为单位在气象科研领域的影响力提升奠定了基础。

（二）《中华人民共和国劳动合同法》方面

1. 规范劳动合同续订助力人才储备与业务拓展

某省气象事业单位在与一位资深气象工程师的劳动合同即将到期时，面临着是否续订合同的抉择。这位工程师在气象数值预报模型研发方面有着深厚的专业知识和丰富的实践经验，参与过多个省级重点气象科研项目，是单位的核心技术人才之一。

按照《劳动合同法》中关于续订劳动合同的相关规定，单位综合考量该工程师的工作表现、业务能力以及对单位未来发展的重要性等因素，认为其符合续订条件且单位有继续留用的必要。在与工程师进行沟通协商后，顺利续订了无固定期限劳动合同。

此后，该工程师不仅继续在数值预报模型优化工作中发挥关键作用，还带领一批年轻的气象专业毕业生开展相关科研实践。在他的指导下，年轻人才成长迅速，团队成功研发出一套更适用于本地复杂地形的精细化气象预报模型，使得单位在气象预报精准度上有了新突破，尤其在山区暴雨、局地强对流天气等灾害性天气预报方面，预警提前时间平均延长了 30 分钟，大大提升了气象服务保障能力，为单位拓展气象服务市场、承接更多政府及企业的

专业气象服务项目创造了有利条件，组织效能得到显著提升。

2. 合法解除劳动合同维护工作秩序与单位声誉

单位有一名负责气象设备维护的技术人员，多次违反单位的考勤制度，无故旷工，且在对重要气象观测站点设备进行维护时，因未按操作规程作业，导致部分设备出现故障，影响了气象数据的正常采集，给气象预报工作带来了严重阻碍，造成了一定的不良社会影响，属于严重违反用人单位规章制度的情况。

依据《劳动合同法》中关于用人单位可解除劳动合同的情形规定，单位经过严谨的调查取证，收集了考勤记录、设备故障报告、现场操作记录以及同事的相关证言等证据材料，随后按照法定程序，召开职工代表大会通报情况、听取工会意见后，正式解除了与该技术人员的劳动合同，并向全体员工进行了通报，起到了警示作用。

这一举措及时纠正了不良工作风气，强化了单位内部的规章制度执行力度，员工们的工作纪律性明显增强，气象设备维护工作的规范性得到提升，后续因人为操作失误导致的设备故障发生率降低了约70%，保障了气象观测数据的稳定获取，进而确保了气象预报等各项业务的高效、有序开展，维护了单位在气象服务领域的专业声誉和社会公信力，对组织效能的稳定发挥起到了积极作用。

（三）《中华人民共和国劳动争议调解仲裁法》方面

1. 准确界定争议范围及时化解内部矛盾

某省气象事业单位在组织员工参加上级部门举办的气象业务技能培训后，与部分员工就培训后的服务期限约定产生了争议。单位按照培训前与员工签订的协议，要求员工在培训结束后须在单位服务满三年，否则需按比例返还培训费用，理由是此次培训投入了大量的人力、物力和资金资源，旨在提升员工专业技能为单位服务。

但有几位员工认为培训内容与实际工作岗位的契合度不够高，且培训期间部分课程质量不佳，觉得不应受到如此严格的服务期限限制，拒绝履行协议约定。双方僵持不下，依据《劳动争议调解仲裁法》对劳动争议范围的界定，此纠纷属于因培训以及经济补偿等方面发生的争议，可通过调解仲裁途径解决。

于是，单位与员工共同向劳动争议调解仲裁机构提出申请。仲裁机构受理后，要求双方提供详细证据，如培训协议、培训课程大纲及评价反馈、员工岗位说明书等。经过深入调查与调解，仲裁机构判定单位应优化后续培训课程设置及与岗位的匹配度，同时根据实际情况适当缩短员工的服务期限要求；员工则需按照调整后的标准，对已享受的培训资源按比例返还部分费用。

通过这一公正合理的调解仲裁结果，单位吸取了教训，完善了培训管理机制，后续组织的培训更加贴合员工实际工作需求，员工也认可了单位的管理改进，工作态度更加积极主动，气象业务技能水平不断提升，在全省气象行业技能竞赛中，单位获奖人数较以往增加了30%，组织效能在内部和谐稳定的基础上得以稳步提高。

2. 遵循仲裁时效保障管理决策权威性

有一位曾在某省气象事业单位工作的临时工，主要负责气象科普宣传资料的整理与发放工作。在合同到期后，单位因业务调整不再续签其合同，该临时工当时未提出异议，正常办理了离职手续。

但半年后，该临时工又以单位未提前告知不续签理由等为由，向劳动争议仲裁机构提出仲裁申请，要求单位给予一定的经济补偿。然而，根据《劳动争议调解仲裁法》规定的仲裁时效为一年，从当事人知道或者应当知道其权利被侵害之日起计算，该临时工的申请已超过时效期限，仲裁机构依法驳回了其申请。

第二节　合规性风险评估与管理对效能稳定的意义

一、风险评估方法解析与事业单位人力环节应用

（一）风险矩阵法

1. 招聘环节应用

当招聘信息存在隐性歧视条款时，如对某些地域求职者设置不合理的限

制条件，虽然表面看似隐晦，但在当今信息传播迅速且公众法律意识增强的环境下，一旦被发现，经网络媒体曝光传播，可能引发大规模的社会舆论关注。从可能性来看，可判定为“高”。其影响程度上，除了面临法律诉讼可能带来的高额赔偿，还会使事业单位在社会公众心目中的形象严重受损，导致后续优秀人才对该单位望而却步，影响人才队伍的建设和业务的长期发展，在声誉损害方面可认定为“高”，根据风险矩阵，此风险处于“高风险”区域。这就要求事业单位在招聘信息拟定过程中，除了常规的内部审核，还应邀请外部法律专家或专业人力资源顾问进行审查，确保信息无任何歧视性隐患。

针对招聘过程中背景调查形式化的风险，若仅通过简单的电话询问或只核实候选人提供的部分信息，由于信息获取渠道有限且缺乏深度验证，可能遗漏重要信息，如候选人未披露的竞业限制协议或诚信污点。从发生可能性评估，鉴于当前职场诚信环境仍有待完善，部分求职者可能存在隐瞒不利信息的动机，这种风险发生可能性为“中等”。而一旦录用存在问题的人员，可能在工作中出现泄露单位机密、违反职业道德规范等行为，对单位的正常运营造成严重干扰，影响程度为“高”，在风险矩阵中属于“中高风险”。因此，事业单位应构建多维度的背景调查体系，除了联系前雇主、学校等常规渠道，还可利用专业的背景调查机构，对候选人进行全面、深入的背景核查，包括但不限于信用记录查询、社交媒体信息筛查等。

2. 培训环节应用

若培训课程内容与行业最新标准和技术脱节，在快速发展的行业领域，如信息技术、医疗卫生等，随着新技术、新规范不断涌现，若培训课程未能及时更新，从可能性分析，由于培训课程设计人员对行业动态关注不足或缺乏有效的信息更新机制，这种情况发生概率较高，可判定为“高”。其影响在于员工所学知识无法应用于实际工作，导致工作效率低下，在执行行业相关任务时可能出现违规操作，影响单位在行业内的专业地位和业务开展，影响程度为“中等”，综合风险为“中风险”。事业单位应建立培训课程动态更新机制，与行业协会、专业研究机构保持密切联系，定期获取最新的行业知识和技术信息，及时调整和优化培训课程内容。

对于培训过程中的考核评价机制不完善风险，若培训考核仅采用单一的书面考试形式，且考试内容侧重于理论记忆，无法有效检验员工对培训知识的实际应用能力和技能提升效果，从可能性来看，因缺乏对培训目标与考核方式匹配性的深入思考，这种情况较易发生，为“高”。其影响是单位无法准确评估培训效果，难以针对性地改进培训方案，员工可能因考核方式不合理而降低对培训的重视程度，影响程度为“中等”，在风险矩阵中属于“中风险”。所以，事业单位需设计多元化的培训考核评价体系，包括实际操作演示、案例分析报告、工作绩效跟踪评估等多种方式，全面、客观地评价员工培训成果。

3. 薪酬福利环节应用

薪酬调整缺乏公平性和透明度的风险，例如薪酬调整过程中缺乏明确的绩效导向，存在人为因素干扰，导致绩效表现优秀的员工与表现一般的员工薪酬调整幅度差异不明显，甚至出现不合理的倒挂现象。从可能性角度分析，由于薪酬调整决策机制可能存在缺陷，如缺乏科学的绩效评估数据支撑或审批流程不规范，其可能性为“中等”。这种情况会严重打击员工的工作积极性，导致优秀人才流失，影响单位的工作氛围和团队协作效率，影响程度为“高”，在风险矩阵中属于“中风险”。事业单位应建立基于客观绩效数据的薪酬调整模型，采用公开透明的薪酬调整公示制度，确保员工能够清楚了解薪酬调整的依据和过程，增强薪酬体系的公信力。

在福利政策合规性风险方面，如在发放职工福利时，对福利的性质界定模糊，将一些不符合规定的项目纳入福利范畴，从可能性上，受对福利政策法规理解不准确以及单位内部福利管理混乱的影响，发生可能性为“中等”。一旦被审计或举报，单位将面临整改、补缴税款甚至行政处罚，同时损害单位在员工和社会公众中的形象，影响程度为“高”，属于“中风险”。事业单位需组织相关人员深入学习福利政策法规，明确福利项目的界定标准，建立福利管理台账，定期进行自查自纠，确保福利政策的合规执行。

（二）流程分析法

1. 招聘环节应用

在招聘计划筹备阶段，若未充分结合事业单位的长期战略规划和短期业务目标进行人员需求预测，可能出现人员招聘过剩或短缺的情况。例如，某事业单位计划开展一项为期三年的大型科研项目，预计需要逐步增加多个专业领域的研究人员，但在招聘计划中仅考虑了项目初期的人员需求，未制定动态的招聘规划。结果在项目推进过程中，关键技术岗位人员不足，不得不临时启动紧急招聘，导致招聘成本大幅增加，且新招聘人员融入项目的时间成本也较高。据统计，约 25% 的事业单位在招聘计划制定时缺乏与战略规划的有效衔接，从而引发人员配置失衡问题。

招聘信息发布渠道选择环节，若过度依赖传统招聘网站，忽视专业人才聚集的行业论坛、学术交流平台等渠道，可能错失与高端专业人才的对接机会。以某文化事业单位为例，在招聘文物修复专家时，仅在综合性招聘网站发布信息，未在文物修复行业的专业论坛和协会平台发布，导致收到的简历大多来自非专业领域或经验不足的人员，符合专业要求的候选人寥寥无几，使得招聘周期延长了近两个月，严重影响了相关文物修复项目的启动进度。

简历筛选环节，若缺乏有效的筛选工具和标准化的筛选流程，仅凭人工逐一查看简历，不仅效率低下，而且容易因主观因素导致误判。例如，某事业单位在筛选大量行政岗位简历时，没有使用简历筛选软件对关键词、学历、工作年限等关键信息进行初步筛选，人工筛选过程中又未制定明确的筛选标准，导致一些具备相关专业背景和丰富行政经验的人员被误筛掉，而一些不符合岗位要求的人员进入了后续面试环节，浪费了大量的人力和时间资源，据估算，该环节的工作效率较采用标准化筛选流程的单位低约 30%。

面试环节，若面试组织安排混乱，如面试时间安排紧凑导致面试官无法充分了解候选人，或者面试场地环境嘈杂影响面试效果，都可能导致选拔结果不准确。例如，某事业单位在一次集中面试中，为了在一天内完成大量候选人的面试，将每个候选人的面试时间压缩到 15 分钟以内，面试官无法深入考察候选人的专业能力和综合素质，最终录用的人员在实际工作中表现出能力与岗位不匹配的情况，导致岗位工作效率低下，需要重新调整岗位或进行二次招聘，增加了人力成本和业务延误的风险。

录用决策环节，若未建立多维度的录用评估体系，仅依据面试成绩或单一领导意见决定录用人员，可能导致录用决策片面。例如，某事业单位在招聘财务岗位时，仅以面试中财务专业知识问答的成绩作为录用依据，未综合考虑候选人的职业操守、财务风险意识以及与单位文化的契合度等因素。结果录用的人员在后续工作中因财务操作违规给单位带来了经济损失，据调查，约 10% 的事业单位录用决策失误是由于缺乏多维度评估体系导致的。

2. 培训环节应用

培训需求调研阶段，如果采用的调研方法单一，如仅通过简单的在线问卷且问卷设计缺乏针对性，可能无法深入了解员工的真实培训需求。例如，某事业单位在设计培训需求问卷时，问题设置过于笼统，未根据不同岗位、不同层级员工的特点进行细化，导致收集到的需求信息模糊且缺乏可操作性。据分析，此类单一调研方法获取的有效培训需求信息仅占全部需求信息的 30% 左右，使得培训课程设计缺乏精准性，无法满足员工实际工作中的技能提升需求，培训效果大打折扣。

培训课程设计环节，若未对培训课程的目标、内容、教学方法进行系统规划，可能导致课程结构松散、内容重复或跳跃。例如，某事业单位组织的一次管理培训课程，在课程内容安排上，上午讲解战略管理理论，下午突然跳到人力资源管理案例分析，中间缺乏逻辑过渡，且教学方法单一，以传统的讲授式教学为主，缺乏互动式、体验式教学环节，导致学员学习兴趣低下，知识吸收效果不佳，培训满意度不足 40%。

培训师资选拔环节，如果缺乏严格的选拔标准和试讲评估机制，可能导致培训师水平参差不齐。例如，某事业单位在邀请外部培训师时，仅依据培训师的个人简历和推荐信息就确定合作关系，未进行试讲考核。结果培训师在授课过程中出现教学内容错误、教学风格沉闷等问题，学员反馈不佳，培训效果未能达到预期目标，影响了员工对培训的信任和参与积极性。

培训实施过程中，若缺乏对培训现场的有效管理和应急处理预案，可能因突发情况导致培训中断或出现安全事故。如某事业单位在户外拓展培训时，未提前对培训场地的安全设施进行检查，在进行高空项目时，安全绳索突然出现磨损迹象，幸好在教练及时发现并采取措施后未造成人员伤亡，但此次事件导致培训被迫中断，学员产生恐慌情绪，对后续培训的开展产生了负面影响，也增加了单位的培训成本和安全风险。

培训效果评估环节，如果评估指标不全面、数据收集不科学，可能无法准确衡量培训的实际效果。例如，某事业单位在培训效果评估时，仅以学员的考试成绩和简单的课后满意度调查作为评估依据，未跟踪学员在培训后的工作绩效提升情况、知识技能在实际工作中的应用情况等。结果显示培训效果评估数据与员工实际工作表现脱节，无法为培训改进提供有效的依据，导致培训质量长期处于较低水平，员工技能提升缓慢，影响单位整体业务水平的提升。

3. 薪酬福利环节应用

薪酬核算环节，若在计算员工绩效工资时，绩效评估指标设置不合理或数据统计错误，可能导致员工绩效工资发放不准确。例如，某事业单位在绩效评估中，对业务部门员工的绩效指标侧重业务量的考核，忽视了业务质量和客户满意度等重要因素，且在数据统计过程中，因数据录入错误导致部分员工的业务量数据失真。结果使得一些业务量高但质量差的员工获得了高额绩效工资，而一些注重业务质量和客户满意度的员工绩效工资偏低，引发员工之间的不满和争议，据统计，约 12% 的事业单位在绩效工资核算过程中存在此类问题，影响了员工的工作积极性和团队协作氛围。

薪酬调整审批环节，如果审批流程过于烦琐或缺乏有效的监督机制，可能导致薪酬调整不及时或出现违规操作。例如，某事业单位的薪酬调整需经过部门负责人、人事部门、财务部门、分管领导、主要领导等多个层级的审批，且每个层级的审批时间没有明确规定，导致薪酬调整周期冗长，平均需要三个月才能完成一次薪酬调整。在这个过程中，还可能出现个别领导因私人关系干预薪酬调整结果的情况，破坏了薪酬体系的公平性和规范性，导致员工对薪酬制度的信任度下降，人才流失风险增加。

福利项目管理环节，若福利项目的采购和发放缺乏规范的流程和监督，可能出现福利资源浪费或被侵占的情况。例如，某事业单位在采购节日福利物资时，未进行充分的市场调研和供应商比价，选择了物资价格较高且质量一般的供应商，导致福利采购成本增加。在福利发放过程中，又缺乏有效的发放记录和签收制度，无法确保福利物资准确无误地发放到员工手中，存在福利物资被个别人员截留或冒领的风险，据调查，约 8% 的事业单位在福利项目管理方面存在不同程度的漏洞，损害了员工的利益，也影响了单位的内部和谐稳定。

二、合规风险管理措施与事业单位实践案例

（一）建立合规管理制度

事业单位构建人力资源合规管理制度应遵循全面性、系统性和可操作性原则。在招聘环节，制度应详细规定招聘信息的起草、审核、发布流程。例如，招聘信息起草应由用人部门根据岗位需求提出初步方案，人事部门进行合规性和规范性审查，重点检查是否存在歧视性条款、岗位要求是否符合单位实际需求等，审核通过后由指定的信息发布人员在经过单位批准的招聘平台上统一发布。同时，建立招聘信息存档制度，便于后续查询和追溯。某省级事业单位在实施该制度后，因招聘信息引发的法律纠纷从之前每年平均 3 起下降到几乎为零，有效提升了招聘工作的合法性和规范性。

在培训环节，合规管理制度要明确培训需求调研的责任主体、方法和时间节点。如规定每年年初由人事部门牵头，联合各业务部门组成培训需求调研小组，采用线上线下相结合的方式，包括发放详细的电子问卷、组织小组访谈、开展实地工作观察等，全面收集员工培训需求信息，并在一个月内完成需求汇总和分析报告。培训课程设计要依据需求报告进行，由专业培训师或外部专家制定课程大纲，经内部专家委员会审核通过后方可实施。例如，某科研事业单位按照此制度执行后，培训内容的针对性提高了 40%，员工对培训的满意度从原来的 50% 提升到了 75%。

对于薪酬福利环节，合规制度应明确薪酬结构的设计依据和调整机制。薪酬结构设计要综合考虑岗位价值评估结果、市场薪酬调研报告、单位财务状况等因素，由人事部门会同财务部门制定方案，经职工代表大会审议通过后实施。薪酬调整方面，规定每年根据员工绩效评估结果、岗位变动情况、市场薪酬水平变化等因素进行调整，调整流程包括个人申请、部门审核、人事部门复核、领导审批等环节，且审批结果要进行公示。例如，某事业单位建立薪酬调整规范流程后，员工因薪酬调整不合理引发的投诉率从 18% 下降到 3% 以下，薪酬体系的公平性和激励性得到显著增强。

（二）定期内部审计

事业单位定期内部审计工作应按照严谨的程序和科学的方法进行。首先，在审计计划制定阶段，要明确审计的范围、重点和时间安排。例如，年度内部审计计划应涵盖招聘、培训、薪酬福利等人力资源管理全流程，将上一年度出现过风险事件或投诉较多的环节作为重点审计内容，时间安排在每年的下半年进行，以便对全年的人力资源管理工作进行全面审查。

审计实施过程中，采用多种审计方法并将其结合。在招聘环节，通过查阅招聘计划文件、招聘信息发布记录、简历筛选记录、面试评价表、录用通知等资料，检查招聘流程是否合规；同时，对部分新入职员工进行访谈，了解招聘过程中的实际情况。在培训环节，审查培训计划、课程大纲、培训签到表、培训考核记录、培训效果评估报告等，实地观察培训场地和设备情况，与培训师和学员进行交流，评估培训工作的有效性。在薪酬福利环节，检查工资表、绩效评估表、福利发放清单、财务凭证等，核实薪酬福利核算和发放的准确性。例如，某大型事业单位在一次内部审计中，通过对薪酬福利环节的深入审计，发现了因绩效评估指标设置不合理导致部分员工绩效工资计算错误的问题，涉及金额达 20 多万元，及时进行了纠正和整改，避免了更大的损失。

审计结束后，出具详细的审计报告，报告内容包括审计发现的问题、问题的性质和影响程度、整改建议和整改期限等。例如，某事业单位在审计报告中指出培训课程评估数据造假问题后，要求人事部门在三个月内重新建立科学的培训评估体系，并对相关责任人进行了批评教育。整改期限结束后，进行复查审计，确保问题得到有效解决。

以某综合性事业单位为例，在未建立完善的合规风险管理体系之前，人力资源管理面临诸多困境。招聘环节因各种违规操作和不规范流程导致的法律风险事件每年多达 6 起，培训效果不佳，员工技能提升缓慢，对培训的满意度仅为 35%，薪酬福利方面因核算错误、调整不合理、福利管理混乱等问题引发的员工投诉率高达 25%，单位内部因人力资源管理问题导致的工作效率低下、团队协作不畅等情况频繁出现，整体组织效能受到严重制约。

在建立全面的合规管理制度并实施严格的定期内部审计后，招聘环节法律风险事件降至每年 1 起以下，且多为轻微风险事件，通过及时整改未造成重大影响；培训满意度大幅提升至 80%，员工技能提升显著，在行业技能竞赛中获奖人数较之前增加了 50%，有力地提升了单位的专业形象和业务竞争力；薪酬福利投诉率锐减至 5% 以内，员工对薪酬福利体系的公平性和合理性认可度明显提高，工作积极性高涨，主动离职率从原来的 10% 下降到 3%，有效保障了人才队伍的稳定性；单位整体工作效率提升了 30%，项目完成周期平均缩短了 20%，组织效能得到了全方位的显著稳定和提升，在公共服务领域能够更加高效、优质地履行职能，为社会大众提供了更为满意的服务成果，社会美誉度也随之不断攀升，进一步增强了单位在行业内的影响力和话语权，吸引了更多优秀人才和资源的汇聚，形成了良性循环发展的良好态势。

第三节　劳动争议预防与处理对效能持续的保障

一、事业单位劳动争议产生的原因剖析

（一）薪酬福利纠纷

1. 薪酬标准与岗位价值失衡

在部分事业单位中，岗位评价体系的不完善或长期未更新，致使薪酬标准与岗位实际价值难以匹配。以某专业技术型事业单位为例，其核心技术岗位承担着关键项目的研发与技术攻关任务，工作不仅需要深厚的专业知识储备，还面临着项目周期紧、技术创新压力大等挑战。然而，在薪酬设定上，该岗位与一些行政辅助岗位的薪资差距微小，仅在基本工资上体现出 10%~15% 的差异，而绩效工资部分的差异未能充分反映技术岗位的高价值产出。据对该单位近三年薪酬数据的分析，约 30% 的薪酬福利纠纷可归因于此。这种失衡导致技术人员的工作积极性遭受重创，他们可能会减少在技术研发上的精力投入，甚至选择离职，寻求更能体现自身价值的工作环境。例如，该单位曾有一位资深技术骨干，因薪酬与岗位价值严重不符，在完成一项重大技术突破后，毅然跳槽至一家企业，该企业为其提供了数倍于原单位的薪酬待遇，这使得原单位的相关技术项目被迫中断，研发进度滞后，投入的前

期资源也遭受损失，严重削弱了单位的科研创新效能与竞争力。

2. 绩效工资考核争议

事业单位的绩效工资考核体系若缺乏科学性与客观性，极易成为劳动争议的导火索。一些单位在设定绩效指标时，未能全面考量岗位特性与工作目标的多元性。如在某教育事业单位，对教师岗位的绩效评估过度侧重学生的考试成绩，却忽视了教学方法创新、学生综合素质提升、课程设计与开发等重要方面。考核过程中，评分方式随意性大且缺乏透明度，缺乏标准化的评分细则与监督机制。近 25% 的教师曾对绩效工资评定表示不满，据内部调查显示，这一争议导致教师团队内部关系紧张，协作教学的意愿降低。部分教师为追求考试成绩，过度增加学生课业负担，忽视了学生的全面发展，教学质量在整体育人层面出现下滑，影响了教育服务的效能与社会对该事业单位教育质量的认可度。

3. 福利政策差异与执行偏差

事业单位福利政策在不同部门、不同岗位间的差异，若缺乏合理依据与充分沟通解释，容易引发员工的不满情绪。例如，某文化事业单位在节日福利发放上，后勤部门与业务部门的标准存在明显不同，后勤部门按照固定金额发放实物福利，而业务部门则根据绩效表现发放不同档次的购物卡，但单位未明确说明差异产生的原因与依据。在福利政策执行过程中，也频繁出现失误，如因人事变动导致员工福利资格漏报、福利发放延迟等情况。据统计，此类福利政策相关纠纷占薪酬福利纠纷的 20% 左右。这些问题容易引发员工内部矛盾，破坏团队和谐氛围，降低员工对单位的归属感与忠诚度，进而影响工作效率与服务质量。例如，在一次重要文化活动筹备期间，因福利差异与发放延迟问题，业务部门的部分员工产生消极怠工情绪，导致活动策划进度滞后，宣传推广工作不到位，最终活动的参与人数与社会影响力均未达到预期目标。

（二）解除劳动关系争议

1. 人事改革中的裁员争议

事业单位在推进人事制度改革、机构精减或职能调整时，人员裁减方案的合理性、程序的合法性以及对员工权益的考量程度，直接关系到劳动争议的产生与否。以某事业单位为例，在机构合并过程中，裁减方案主要依据部门领导的主观判断，未进行科学合理的岗位评估与人员能力测评，也未遵循法定的民主程序，如未提前向员工公示裁减原因、标准与流程，未征求员工意见与工会建议。直接辞退部分员工且未给予合理补偿，这些被辞退员工以违法解除劳动关系为由提出申诉。单位在应对申诉过程中，耗费大量人力、物力与时间资源，不仅要应对法律诉讼程序，还需应对社会舆论压力，单位形象在公众心中受损，员工士气低落，正常工作秩序被打乱，原本计划推进的改革项目也被迫暂停或延期，组织效能在改革期间大幅下降，业务发展遭受重创。

2. 员工违规违纪处理争议

当事业单位以员工违规违纪为由解除劳动关系时，对违规事实的认定准确性、证据的充分性以及处理依据的合法性是争议的关键所在。如某事业单位以某员工旷工为由解除劳动合同，但该员工称已提前请假并获批，只是请假手续在部门内部流转时出现延误，且有同事可以作证。单位在未能充分核实情况、缺乏确凿证据（如未查看办公自动化系统中的请假申请记录、未对相关同事进行深入调查取证）的情况下强行解除合同，员工不服并提起仲裁。仲裁过程中，单位因证据链不完善而处于不利地位，最终被判定解除劳动关系违法，需恢复劳动关系并支付员工仲裁期间的工资损失。这一事件使得单位内部管理威信受损，员工对管理制度的信任度降低，工作纪律性受到冲击，原本严谨有序的工作氛围被打破，员工之间的相互监督与自我约束机制也受到影响，进而影响整体工作效率与组织秩序，一些重要项目因员工工作态度散漫、纪律性差而出现进度延误、质量下降等问题。

二、事业单位劳动争议预防策略

（一）完善劳动规章制度

1. 构建科学薪酬福利制度

（1）建立基于岗位价值评估的薪酬体系

成立由单位领导、人力资源专家、各部门代表以及外部专业咨询机构人员组成的岗位价值评估小组。针对管理类、专业技术类、工勤技能类等不同岗位序列，分别确定详细的评估指标与权重。例如，对于专业技术类岗位，评估指标可包括专业技术水平（学历、职称、专业成果等）、技术创新能力（专利申请与授权情况、新技术应用与推广等）、项目经验（参与重大项目数量、项目中的角色与贡献等）、解决实际问题能力（处理技术难题的案例与效果等），各指标权重根据岗位特性设定。通过全面评估确定各岗位的相对价值等级，以此为依据制定差异化的薪酬等级标准，确保薪酬与岗位价值紧密匹配。同时，建立薪酬动态调整机制，根据市场行情变化、单位经济效益以及员工个人绩效表现，定期对薪酬进行调整，以保持薪酬的外部竞争力与内部公平性，减少因薪酬不公引发的争议。

（2）优化绩效工资考核机制

制定明确、可量化、多层次的绩效指标体系。以医护人员为例，绩效指标除了医疗服务质量（如患者治愈率、好转率、死亡率、投诉率等）、专业技能提升（参加专业培训时长、获得新的医学资质证书、发表医学论文数量与质量等）、团队协作（参与科室会诊次数、与其他医护人员配合完成复杂病例治疗数量、对新入职医护人员的带教成果等）外，还应考虑医疗服务效率（患者平均住院日、手术平均时长、门诊患者平均就诊时间等）与成本控制（药品耗材合理使用比例、医疗资源浪费情况等）等方面。考核过程采用自评、上级评价、同事评价、患者评价（适用于医护人员等服务窗口岗位）相结合的方式，各评价主体的权重根据岗位特点合理分配。例如，对于医生岗位，上级评价可占40%，同事评价占20%，患者评价占30%，自评占10%。同时，建立绩效工资调整机制，根据单位绩效整体水平、行业薪酬趋势以及个人绩效表现定期调整绩效工资系数，激励员工积极工作，提高工作绩效。

（3）规范福利政策与执行流程

明确各类福利项目的设立依据、适用范围、发放标准与发放方式。例如，对于住房补贴，依据当地住房市场价格水平、单位经济承受能力以及员工岗位级别、职称等因素确定补贴金额；对于带薪休假，制定详细的休假申请、审批、记录流程，明确不同岗位、不同工作年限员工的休假天数与休假方式（如集中休假或分段休假），确保员工福利权益得到保障。定期对福利政策进行审查与更新，保持福利的吸引力与竞争力，同时加强福利政策宣传与解释工作，通过单位内部网站、宣传栏、员工手册等多种渠道，向员工详细介绍福利政策内容、申请流程与享受标准，使员工充分了解自身福利权益，避免因误解产生纠纷。

2. 规范解除劳动关系程序

（1）明确解除条件与依据

在事业单位人事管理制度中，详细列举员工违规违纪行为的具体情形及对应的解除劳动关系条件。如严重违反工作纪律，包括连续旷工超过 15 个工作日、未经批准擅自离岗超过一定时长、在工作场所从事违法违纪活动（如赌博、吸毒等）、泄露单位机密（如将未公开的科研成果、业务数据、人事信息等透露给外部人员）等；不胜任工作，即年度考核多次不合格且经培训或调岗后仍无改善，年度考核不合格可依据量化的绩效指标评定，如工作任务完成率低于 60%、工作质量不达标（如出现重大工作失误、服务对象满意度低于 60% 等），培训或调岗后仍无改善可通过再次考核或综合评估确定。同时，明确解除劳动关系的法律依据，如《事业单位人事管理条例》《中华人民共和国劳动合同法》等相关法律法规条款，确保解除行为合法合规。

（2）设定严格的解除程序

规定解除劳动关系需经过的调查取证环节，如成立由纪检监察部门、人力资源部门、员工所在部门领导及工会代表组成的专门调查小组，对员工涉嫌违规违纪行为进行全面深入调查。调查过程中，收集相关证据（包括证人证言、文件资料、监控录像、电子数据等），形成完整的调查记录与报告。在做出解除决定前，须给予员工陈述与申辩的机会，提前书面通知员工，告知其听证的时间、地点与权利，听证过程中认真听取员工意见与解释，并做好记录。解除决定应经单位领导班子集体讨论通过，领导班子成员根据调查结果、员工申辩情况以及相关法律法规进行投票表决，表决结果需形成书面记录并归档。最后，以书面形式通知员工，通知内容包括解除理由、依据、生效日期以及员工申诉途径（如向单位内部申诉委员会申诉或向劳动人事争议仲裁委员会申请仲裁）等信息，通知须通过挂号信、电子邮件等可追溯方式送达员工，并保留送达凭证。

（二）加强员工沟通

1. 建立多元化沟通渠道

（1）定期组织员工座谈会

每季度举办一次员工座谈会，由单位主要领导主持，各部门负责人与员工代表共同参加。员工代表通过民主选举或部门推荐产生，涵盖不同岗位、不同层级员工，且人数不少于员工总数的10%。座谈会提前一周发布通知，告知员工会议主题（如单位近期发展规划、重大项目进展、员工关心的热点问题等）与议程安排，鼓励员工提前准备发言内容。会议过程中，员工代表依次发言，充分表达对单位管理、工作环境、薪酬福利、职业发展等方面的意见与建议，单位领导与部门负责人认真倾听，当场解答员工疑问，对于当场无法解决的问题，记录在案并指定专人跟进，建立问题台账，明确解决期限（一般不超过一个月），在规定时间内将处理结果反馈给员工代表，并在单位内部公告栏或内部网站上公示，接受全体员工监督。例如，某事业单位在一次员工座谈会上，员工提出办公设施老化影响工作效率的问题，单位随后成立专项小组，对办公设施进行全面评估与更新，员工满意度得到显著提升。

（2）设立线上沟通平台

搭建专门的内部网络沟通平台，如员工论坛、在线意见箱等。员工论坛设置不同板块，包括工作交流、意见建议、政策咨询等，员工可根据主题在相应板块发布帖子，交流工作经验、提出问题或建议。在线意见箱 24 小时开放，员工可随时提交意见与诉求，提交时需填写所在部门、姓名（可匿名）、联系方式（可选填）以及问题描述等信息。相关部门安排专人负责每日查看与回复，对于简单问题，当天回复解答；对于复杂问题，在 3 个工作日内回复处理进度，并在 10 个工作日内给出最终解决方案。对于共性问题或重大事项，及时整理汇总并提交单位领导决策层讨论研究，研究结果在一周内反馈给员工。例如，某事业单位通过线上沟通平台收到员工关于培训课程设置的大量反馈，经分析整理后，对培训计划进行了调整优化，增加了与员工岗位需求更匹配的课程内容，提高了培训效果，员工对单位的培训工作满意度从之前的 50% 提高到 70%。

（3）开展领导接待日活动

每月固定一天为领导接待日，由单位领导轮流值班，接待员工来访。提前一周在单位内部发布领导接待日通知，告知员工值班领导信息、接待时间、地点以及预约方式（可通过电话、电子邮件或线上平台预约）。员工可提前预约或直接前往，就个人工作、职业发展、单位管理等方面的问题与领导进行面对面交流。领导认真倾听员工诉求，当场给予指导与答复，对于需要进一步协调解决的问题，明确责任部门与解决期限，填写领导接待日记录表，记录员工问题、领导答复与处理意见，一式两份，一份交予员工，一份留存归档。接待日结束后，由单位办公室负责对问题处理情况进行跟踪督办，确保员工反映的问题得到有效处理。

2. 强化员工满意度调查

（1）制定科学的满意度调查方案

每年开展一次员工满意度调查，调查内容涵盖薪酬福利、工作环境、职业发展、领导管理、团队协作等多个维度，每个维度设置 5~10 个具体问题。采用分层抽样的方法确定调查对象，确保不同部门、不同岗位、不同层级员工都有一定比例参与，抽样比例根据单位员工总数确定，一般不少于 30%。设计标准化的调查问卷，题型包括单选题、多选题、简答题等，单选题与多选题采用李克特 5 点量表（非常满意、满意、一般、不满意、非常不满意），便于量化统计与深入分析。例如，在薪酬福利维度设置关于薪酬水平满意度（您对目前的薪酬水平是否满意？）、福利种类满意度（您对单位提供的福利种类是否满意？）、绩效工资考核公平性（您认为绩效工资考核过程是否公平？）等问题；在职业发展维度设置关于晋升机会满意度（您对单位提供的晋升机会是否满意？）、培训与学习机会满意度（您对单位组织的培训与学习活动是否满意？）等问题。调查问卷在发放前进行预测试，邀请部分员工代表填写并提出修改意见，根据意见对问卷进行完善后正式发放。

（2）深入分析调查结果并及时反馈

对员工满意度调查结果进行详细统计分析，计算各维度满意度得分（通过对各问题得分加权平均计算得出），找出员工满意度较低的方面与具体问题。组织召开专门的分析会议，邀请各部门负责人、员工代表共同参与，深入探讨问题产生的原因与解决对策。例如，如果发现员工对培训与学习机会满意度较低，分析原因可能包括培训课程针对性不强、培训师资水平有限、培训时间安排不合理等，针对这些原因提出相应的改进措施，如开展培训需求调研，根据员工需求定制培训课程；邀请行业专家或高校教授授课；合理调整培训时间，避免与工作高峰期冲突等。将调查结果与改进措施向全体员工反馈，通过单位内部会议、内部网站、员工手册等多种方式，让员工了解单位对他们意见的重视程度与处理情况，增强员工对单位的信任与归属感。例如，某事业单位在一次满意度调查后发现员工对职业发展晋升机会满意度较低，于是制定了公开透明的晋升制度改革方案，明确晋升标准、流程与公示环节，并向员工公示，员工对单位的改革举措表示认可，工作积极性得到提高，主动参与单位内部竞聘的人数增加了 30%。

第九章　人力资源信息系统（HRIS）：效能提升的智慧引擎

第一节　HRIS 在人力资源管理效能提升中的核心作用与价值

一、HRIS 概述

HRIS（Human Resources Information System），即人力资源信息系统，是一套集成化的软件解决方案，旨在运用信息技术手段对事业单位的人力资源相关数据进行全面管理与深度分析，进而实现人力资源管理流程的优化、决策的科学化以及效能的显著提升。它整合了员工信息管理、绩效管理、培训管理、招聘管理、薪酬管理等多个功能模块，通过数据的互联互通与智能处理，为事业单位打造高效、精准、智能的人力资源管理生态。

二、HRIS 在数据收集与存储方面的应用

（一）员工信息收集与存储

1. 信息维度全面覆盖

HRIS 能够收集事业单位员工丰富多样的信息。基本信息涵盖姓名、性别、年龄、身份证号、联系方式等；学历背景信息包括毕业院校、专业、学历层次、毕业时间等；工作经历记录着员工过往的任职单位、职位、工作起止时间、工作成果等；家庭关系信息涉及家庭成员姓名、与员工关系、联系方式等；此外，还包括员工的政治面貌、职称信息、职业资格证书等。例如，某省市级科研

事业单位，通过 HRIS 录入了 300 余名员工的详细信息，其中专业技术人员占比 70%，系统完整地存储了每位科研人员的学术背景、科研项目经历以及所获专利情况等信息，为单位深入了解人才结构与专业分布提供了详尽依据。

2. 信息录入便捷高效

系统提供多种录入方式，方便快捷且能确保数据准确性。对于批量数据，如员工入职时的基本信息，可以通过 Excel 模板导入功能，一次性将大量数据快速录入系统。以某大型文化事业单位为例，在新员工招聘季，一次入职 50 名员工，利用 HRIS 的导入功能，仅需 10 分钟即可完成基本信息录入，相比传统手工录入方式，效率提高了 50 倍以上。同时，对于个别员工信息的更新或修改，如学历提升、职称变动等，可通过员工自助服务平台或人力资源部门的单个信息录入界面进行操作，操作完成后系统自动更新数据库，并记录信息变更的时间、操作人员等详细日志，确保信息的可追溯性与安全性。

3. 信息存储安全可靠

HRIS 采用先进的数据库技术与加密算法，保障员工信息存储的安全性。数据存储在专门的服务器或云端平台，设置严格的访问权限，只有经过授权的人力资源管理人员、单位领导以及员工本人（针对部分个人信息查看）才能访问相关数据。例如，某卫生事业单位，其 HRIS 存储着大量医护人员的敏感信息，包括健康状况、执业资格证书编号等。通过采用银行级别的加密技术，对数据进行加密存储，同时设置多因素身份验证机制，如密码、指纹识别、动态验证码等，确保信息不被非法获取或篡改。在过去 5 年中，该单位未发生任何一起因信息系统安全问题导致的员工信息泄露事件，信息存储的安全性得到了有效保障。

（二）绩效数据收集与存储

1. 绩效指标定制化设定

HRIS 允许事业单位根据不同岗位、不同部门的工作特性与职责要求，灵活定制绩效指标体系。对于专业技术岗位，如高校教师岗位，绩效指标可包括教学工作量（授课学时数、课程门数等）、教学质量（学生评教得分、教学成果获奖情况等）、科研成果（论文发表数量与质量、科研项目立项与结题情况、科研经费到账金额等）；对于管理岗位，绩效指标可侧重于工作任务完成情况（如项目推进进度、部门预算执行情况等）、管理效率（文件处理及时率、会议组织效果等）、团队建设成果（员工满意度调查得分、团队成员培训与发展情况等）。以某综合性大学为例，通过 HRIS 为不同学院、不同学科的教师设定了差异化的绩效指标体系，共设置了 30 余项绩效指标，并为每个指标明确了计算方法与数据来源，确保绩效评估的科学性与公正性。

2. 绩效数据实时采集与整合

借助与其他业务系统的对接以及员工日常工作数据的自动记录功能，HRIS 能够实时采集绩效数据。例如，与教学管理系统对接，直接获取教师的授课安排、学生考勤记录、考试成绩等数据，用于教学工作量与教学质量的评估；与科研项目管理系统相连，实时更新科研人员的项目申报进度、研究成果提交情况、科研经费使用明细等信息，为科研绩效评估提供准确数据。以某科研机构为例，在使用 HRIS 进行绩效数据收集后，科研项目数据的更新频率从原来的每月一次提升到实时更新，绩效数据的完整性从 80% 提高到 95% 以上，为及时、准确地开展绩效评估提供了有力支持。

3. 绩效数据存储与历史追溯

所有采集到的绩效数据在 HRIS 中均有完整记录，并可进行历史追溯。这有助于事业单位分析员工绩效的发展趋势，发现潜在问题并制定针对性的改进措施。例如，某事业单位通过 HRIS 查看某员工近 5 年的绩效数据，发现其在项目管理方面的绩效得分在过去两年呈下降趋势，经深入分析发现是由于项目团队协作出现问题以及自身管理技能不足所致。单位据此为该员工提供了项目管理培训课程，并调整了其团队成员配置，经过一年的改进，该员工在后续项目中的绩效得分显著提升，项目按时完成率从 80% 提高到 90% 以上。

（三）培训记录收集与存储

1. 培训课程信息全面记录

HRIS 详细记录事业单位组织的各类培训课程信息，包括培训课程名称、培训时间、培训地点、培训讲师、培训内容简介、培训课程类型（如新员工入职培训、岗位技能培训、职业素养培训等）等。例如，某事业单位在过去一年中组织了 50 余场培训课程，涵盖管理技能提升、专业技术更新、法律法规普及等多个领域。HRIS 完整地记录了每一场培训的详细信息，如一场关于“事业单位财务管理新政策解读”的培训，系统记录了培训时间为 2024 年 3 月 10 日，培训地点在单位会议室，培训讲师为业内知名财务专家，培训内容主要围绕最新出台的事业单位财务预算、报销、审计等政策法规展开，培训课程类型为专业技能培训。

2. 员工培训参与情况精准记录

对于员工参与培训的情况，HRIS 能够精确记录员工是否报名、是否实际参加、培训考勤记录（迟到、早退、缺席情况）、培训考核成绩（如有考核环节）等信息。例如，某事业单位在一次岗位技能培训中，共有 80 名员工报名参加，HRIS 实时记录了员工的考勤情况，其中 75 名员工按时参加了培训，3 名员工迟到，2 名员工因特殊原因请假未参加。培训结束后，进行了理论知识与实际操作考核，HRIS 记录了每位参加考核员工的成绩，其中优秀（90 分及以上）10 人，良好（80–89 分）30 人，合格（60–79 分）30 人，不合格（60 分以下）5 人。这些数据为后续分析员工培训参与度、培训效果评估提供了重要依据。

3. 培训记录长期存储与分析利用

所有培训记录在 HRIS 中可长期存储，并支持多维度的分析与查询。事业单位可以通过员工姓名、部门、培训课程类型、培训时间等多个维度进行数据筛选与分析，了解员工的培训历史与发展轨迹，为员工的职业发展规划、培训需求分析以及培训资源优化配置提供数据支持。例如，某事业单位人力资源部门通过 HRIS 分析发现，某部门员工在过去三年中参加的管理技能培训次数较少，且该部门在团队协作与工作效率方面存在一些问题。于是，针对性地为该部门制定了一系列管理培训计划，包括团队建设培训、领导力培训等。经过一年的培训实施，该部门的内部沟通效率提高了 30%，工作任务完成时间平均缩短了 20%，团队氛围得到明显改善。

第二节　HRIS 的选择与实施策略对效能提升的影响

一、HRIS 选择需考虑的因素

（一）功能需求

1. 核心人力资源管理功能适配性

不同事业单位因自身业务特性与管理重点各异，对 HRIS 的核心功能需求存在显著差别。以高校这类大型事业单位为例，其人员构成复杂，包括教学科研人员、行政管理人员、后勤服务人员等多类别。在人事档案管理方面，HRIS 不仅要存储基本的个人信息，还需详细记录教学科研人员的学术背景，如就读院校、专业领域、导师信息、所获学位及学术荣誉等；科研成果信息涵盖论文发表的期刊级别、影响因子、被引用次数，科研项目的立项级别、经费来源、研究周期及成果转化情况等；职称评定历程则需记录每次评定的时间、申报职称、评定结果及依据等多维度信息。在绩效管理上，要依据不同学科（如理工科、文科、艺术科等）、不同岗位性质（教学型、科研型、教学科研并重型等）设定独特的绩效指标体系。例如，对于科研型教师，绩效指标可包括科研项目的数量与质量、科研经费的获取额度、专利的申请与授权情况等；教学型教师则侧重于教学工作量（如授课学时数、课程门数、学生选课人数等）、教学质量评估（学生评教分数、同行听课评价、教学成果获奖情况等）。培训管理功能需支持从培训需求调研（可通过线上问卷、部门推荐、个人申报等多种方式收集）、计划制定（根据不同岗位群体的需求和学校发展战略制定年度培训计划，涵盖专业技能培训、教育教学方法培训、职业素养培训等各类课程）、资源分配（合理安排培训师资、场地、经费等资源）到效果评估（通过培训前后的知识技能测试对比、工作绩效变化分析、学员满意度调查等多维度评估）的全流程精细化管理，且能与教师的专业发展规划相衔接，为教师提供个性化的培训建议与职业晋升路径参考。例如，某综合性大学在评估 HRIS 时，发现某系统可针对其数千名教师的教学、科研、社会服务等多方面工作设定个性化绩效指标，通过加权计算得出综合绩效得分，满足了学校对教师全面、精准绩效评估的需求，该功能成为其选择此系统的关键考量因素之一。

2. 扩展性与定制化功能

随着社会发展与技术进步，事业单位的人力资源管理需求处于动态变化之中。例如医疗事业单位，在国家医疗改革政策推动下，可能会新增医联体人才共享管理需求，或随着互联网医疗业务的拓展，需要将线上医疗服务数据与医护人员的绩效评估相挂钩。因此，所选 HRIS 应具备良好的扩展性，能够便捷地添加新功能模块或与其他新兴技术（如大数据分析平台、人工智能辅助诊断系统等）进行集成。同时，定制化功能也至关重要，可根据单位特殊的管理流程与业务需求进行个性化开发。以某大型医院为例，除了常规的人力资源管理功能外，还需与医疗信息系统（HIS）进行对接，实现医护人员排班与患者诊疗数据的关联分析，以便优化医疗服务资源配置。如根据患者流量的实时变化、病种分布情况以及医护人员的专业特长、工作饱和度等因素，智能生成排班计划，提高医疗服务效率与质量。该医院在选择 HRIS 时，重点考察了系统的开放性接口与定制开发能力，最终选定的系统能够根据医院需求定制开发出医护人员资质管理与医疗业务协同的功能模块，有效提升了医院人力资源管理与医疗服务运营的协同效率。

（二）系统兼容性

1. 内部信息系统集成

事业单位通常已运行多个信息系统，如财务管理系统、办公自动化系统（OA）等。HRIS 应能与这些内部系统实现无缝集成，确保数据在不同系统之间的顺畅流通与共享，避免形成数据孤岛。例如，在薪酬计算方面，HRIS 需要与财务管理系统对接，获取预算信息、成本数据等，并将薪酬发放数据传输至财务系统进行账务处理。当进行薪酬发放时，HRIS 准确计算出员工的应发工资、代扣款项（如社保、公积金、个人所得税等）后，将数据实时传输至财务系统，财务系统依据这些数据进行会计分录编制、资金发放操作，并生成相关财务报表。与 OA 系统集成可实现人力资源相关流程的自动化审批，如员工请假、加班申请等流程可在 OA 系统中发起，数据自动流转至 HRIS 进行记录与统计分析。员工在OA系统中提交请假申请后，申请信息自动推送至HRIS，HRIS记录请假类型、起止时间、审批状态等信息，并根据单位的考勤制度进行相应的考勤统计调整。某文化事业单位在引入新的HRIS时，优先选择了能够与现有的财务、OA系统深度集成的产品，实现了员工信息在各系统间的实时同步，如员工在OA系统中更新个人联系方式后，HRIS中的信息自动更新，减少了人工维护数据一致性的工作量，提高了管理效率约30%。通过对该单位人力资源部门工作时间分配的统计分析发现，在系统集成前，工作人员每月需花费约20小时用于数据核对与更新工作，集成后，这一时间缩短至6小时左右，节省下来的时间可用于更具价值的人力资源战略规划与员工关系管理工作。

2. 外部技术环境适配性

需考虑HRIS与外部技术环境的兼容性，包括操作系统、数据库类型、网络架构等。随着信息技术的快速发展，如云计算、移动办公等技术的广泛应用，HRIS应能适应这些新兴技术环境。例如，对于支持移动办公的事业单位，HRIS应具备移动端应用程序或响应式网页设计，方便员工随时随地查询个人信息、提交请假申请、参与培训课程学习等。某新闻媒体事业单位，员工经常外出采访报道，其选择的HRIS具备完善的移动端功能，员工可通过手机端查看绩效反馈、报名参加培训。通过对员工使用移动端功能的频率统计发现，每月人均使用次数达到15次以上，其中绩效反馈查看次数约占40%，培训报名次数约占30%，其他功能（如个人信息查询、请假申请等）使用次数约占30%。这大大提高了人力资源管理的便捷性与及时性，员工对人力资源服务的满意度提升了20个百分点。根据员工满意度调查结果显示，在引入移动端功能前，员工对人力资源服务的满意度为65%，引入后提升至85%，主要得益于员工能够及时获取所需信息，减少了沟通成本与时间成本，提高了工作效率与生活质量的平衡度。

（三）供应商信誉

1. 供应商市场口碑与行业经验

供应商的信誉是选择HRIS的重要参考指标。通过市场调研、同行评价等途径了解供应商在人力资源信息系统领域的口碑与声誉。具有丰富行业经验的供应商通常更能理解事业单位的管理需求与业务痛点，提供更贴合实际的解决方案。例如，一家在人力资源管理软件行业深耕多年、为众多知名事业单位成功实施 HRIS 项目的供应商，其产品在稳定性、功能完整性方面往往更具保障。可通过查看供应商的客户案例集、客户评价报告等方式深入了解其过往业绩。某省级事业单位在选择 HRIS 时，对多家供应商进行了详细考察，最终选择了一家具有 10 年以上行业经验、在同类型事业单位中有多个成功案例的供应商。该供应商曾为 50 多家类似规模与业务性质的事业单位实施 HRIS 项目，其中 80% 以上的项目在上线后一年内实现了人力资源管理流程优化 30% 以上，员工满意度提升 20% 以上的显著效果。该供应商凭借其成熟的解决方案和专业的实施团队，顺利助力该事业单位完成了 HRIS 的上线与优化，系统上线后运行稳定，未出现重大故障。在系统上线后的第一年运行期间，仅出现 3 次轻微故障，且均在 2 小时内得到快速解决，故障平均修复时间为 1.5 小时，远低于行业平均水平，确保了单位人力资源管理工作的连续性与高效性。

2. 供应商技术支持与售后服务

HRIS 在使用过程中难免会遇到技术问题或需要功能升级与优化，因此供应商的技术支持与售后服务能力至关重要。优质的供应商应能提供 7×24 小时的技术支持服务，包括远程协助、现场服务等多种方式，确保在系统出现故障时能够及时响应并解决问题。例如，可设定供应商的响应时间标准，如在接到故障报告后 30 分钟内做出响应，远程解决问题的平均时间不超过 2 小时，对于需要现场处理的复杂问题，技术人员应在 4 小时内到达现场（同城）或 24 小时内到达现场（异地）。同时，在系统升级方面，供应商应根据行业发展趋势与客户需求，定期推出功能升级版本，并提供相应的培训与技术指导。例如，某事业单位在使用 HRIS 过程中，遇到了数据备份与恢复的技术难题，供应商的技术支持团队在接到求助电话后，2 小时内通过远程协助成功解决了问题；并且在新的劳动法规出台后，供应商及时对系统的薪酬计算模块进行了升级，确保单位的薪酬管理符合法规要求，并为人力资源部门提供了详细的法规解读与操作培训，保障了单位人力资源管理工作的合规性与高效性。在过去三年中，该供应商为该事业单位提供了 5 次系统功能升级服务，每次升级后均组织了平均时长为 8 小时的培训课程，培训内容涵盖新功能介绍、操作演示、案例分析及常见问题解答等，使人力资源工作人员能够快速掌握新功能的使用方法，有效提升了单位人力资源管理工作的适应性与前瞻性。

二、不同类型组织选择 HRIS 的策略

（一）大型事业单位

1. 全面功能与高扩展性优先

大型事业单位人员众多、业务复杂，需要 HRIS 具备全面的人力资源管理功能，涵盖从招聘、培训、绩效、薪酬到员工关系等各个环节的深度管理能力。例如，大型科研机构在招聘环节，需要系统能够支持全球范围内的人才搜索与招聘流程管理，包括多语言简历筛选、国际化人才测评工具集成等。如某国家级科研院所在全球范围内招聘高端科研人才时，HRIS 能够对接国际知名招聘网站，接收来自不同国家和地区的简历，并自动筛选出符合基本条件（如学历、专业、科研成果等）的简历，同时利用集成的国际化人才测评工具对候选人的创新能力、团队协作能力、跨文化交流能力等进行评估，将合适的候选人推荐给招聘团队，大大提高了招聘效率与质量。在培训管理方面，要能应对大规模员工培训计划的制定、实施与评估，如同时管理数千名员工的在线学习课程分配、培训效果跟踪与分析等。通过 HRIS 可实现对培训课程的分类管理（如专业技术培训、管理培训、职业素养培训等），根据员工的岗位需求、职业发展阶段等因素自动分配培训课程，培训过程中实时记录员工的学习进度、考试成绩等信息，培训结束后通过数据分析评估培训效果，如员工技能提升程度、知识掌握水平的变化以及对工作绩效的影响等。同时，由于业务的不断发展与创新，如科研领域新的研究方向催生新的岗位需求与管理要求，HRIS 必须具备高扩展性，能够方便地添加新的功能模块或与新兴技术集成。某大型科研事业单位在选择 HRIS 时，选定了一款功能全面且基于开放式架构设计的系统，在后续发展中，随着人工智能技术在科研人才筛选中的应用需求增加，该系统能够顺利集成第三方的人工智能人才测评软件，有效提升了招聘效率与人才质量评估的准确性。通过对该单位招聘周期的统计分析发现，在集成人工智能人才测评软件前，从发布招聘信息到确定录用

人员平均需要 90 天左右，集成后缩短至 60 天以内，招聘效率提升了约 33%；同时，通过对新入职科研人员在入职后一年内的科研成果评估发现，其人均科研成果数量比以往提高了 20% 左右，表明人才质量评估的准确性得到了有效提升。

2. 供应商综合实力考量

鉴于大型事业单位 HRIS 项目的复杂性与高风险性，对供应商的综合实力要求更高。除了上述提到的信誉、行业经验、技术支持与售后服务外，还需考察供应商的企业规模、研发能力、财务状况等因素。大型供应商通常具有更雄厚的资金与技术研发实力，能够在长期内持续投入资源进行系统的优化与升级，保障系统的先进性与稳定性。例如，可通过查看供应商的年度财务报表了解其营收规模、利润水平、研发投入占比等情况；实地考察其研发中心，了解其技术团队规模、人员素质、研发设备设施等硬件条件以及研发流程、创新机制等软件环境。某大型事业单位在选择 HRIS 供应商时，对入围的几家供应商进行了全面评估，包括对供应商的年度财务报表分析、研发投入占比调查以及实地考察其研发中心的技术实力展示等。发现其中一家供应商的年度营收超过 10 亿元，研发投入占比达到 20% 以上，研发团队规模超过 500 人，且拥有先进的研发设备和完善的创新激励机制。该单位最终选择了这家全球知名的大型软件企业作为供应商，该企业在后续几年中，每年投入数百万美元用于 HRIS 的研发升级，为事业单位带来了先进的人力资源管理理念与技术应用，如引入大数据分析技术用于员工绩效预测与人才规划，显著提升了单位的人力资源管理效能。通过大数据分析员工的历史绩效数据、工作行为数据、培训学习数据等多源数据，建立绩效预测模型，预测准确率达到 80% 以上，为人才规划提供了科学依据，使单位在人才引进与培养方面更具针对性与前瞻性，在过去两年中，因人才规划的优化，单位在重点科研项目上的成果转化率提高了 25% 左右。

（二）小型事业单位

1. 性价比与易用性主导

小型事业单位资源有限，在选择 HRIS 时更注重性价比与易用性。系统功能应满足其基本的人力资源管理需求，如员工信息管理、简单的考勤与薪酬计算、基础的绩效管理等，避免过度追求功能的大而全而造成资源浪费。例如，小型文化艺术团体可能只需管理几十名员工的基本信息、演出考勤与简单的绩效奖励计算，一款价格适中、功能简捷实用的 HRIS 即可满足需求。可通过对比不同供应商产品的功能模块数量、价格水平以及功能与价格的匹配度来评估性价比。在易用性方面，系统操作应简单便捷，无需复杂的培训即可让人力资源工作人员和普通员工上手使用。可通过试用体验、用户操作反馈等方式考察易用性。某小型艺术工作室在选择 HRIS 时，选择了一款针对小型企业与事业单位设计的云服务 HRIS，其价格仅为大型系统的三分之一，功能涵盖员工信息、考勤、薪酬管理等基本模块，且界面简洁、操作方便。通过对该工作室人力资源专员的操作时间统计发现，在处理日常人力资源事务（如员工信息录入、考勤统计、薪酬计算等）时，使用新系统后，平均处理时间比之前缩短了 50%。工作室的人力资源专员经过半天的培训即可熟练操作，大大提高了工作效率，减少了人力资源管理成本约 40%。根据成本核算数据显示，在引入 HRIS 前，每年人力资源管理成本（包括人力成本、办公用品成本、时间成本等）约为 10 万元，引入后降低至 6 万元左右。

2. 快速实施与灵活定制

小型事业单位通常希望 HRIS 能够快速实施上线，尽快发挥作用，减少对日常工作的干扰。因此，供应商应具备成熟的快速实施方法论，能够根据小型单位的特点与需求，在短时间内完成系统的安装、配置与数据迁移工作。例如，供应商可提供标准化的实施模板，根据小型事业单位的人员规模、业务类型等参数进行快速配置，一般可在 1~2 个月内完成系统上线。同时，由于小型事业单位管理流程相对灵活，HRIS 应能提供一定程度的定制化服务，以适应其特殊的管理需求。例如，某小型教育培训机构在选择 HRIS 时，要求供应商在一个月内完成系统上线。供应商根据其需求，采用了预配置模板与个性化定制相结合的方式，快速搭建了包括学员信息关联管理（与培训业务相关）、教师课时费计算等功能的 HRIS，并根据培训机构的特殊绩效奖励制度进行了定制开发。通过对该培训机构教师课时费计算准确性的统计分析发现，在定制开发前，每月课时费计算错误率约为 10%，定制开发后降低至 1% 以内，提高了薪酬管理的准确性；同时，根据学员满意度调查结果显示，在引入关联学员信息管理功能后，学员对培训服务的满意度从 80% 提升至 90%，该机构在短时间内实现了人力资源管理的信息化升级，提升了管理效率与服务质量。

第三节　数据分析在人力资源决策中的效能优化应用

一、数据分析在人力资源决策中的应用场景

（一）招聘决策中的人才筛选

在事业单位招聘场景中，数据分析为精准筛选人才提供了科学依据。以某省图书馆为例，其招聘岗位涉及图书管理员、信息技术专员、古籍修复师等多种类型。通过深入剖析过往多年的招聘与人员留存数据，构建了细致的岗位胜任力模型。针对图书管理员岗位，研究发现成功入职且表现优秀的人员中，约 70% 毕业于图书情报学相关专业，具有图书馆实习或志愿者经历的占比达 60%，且在信息检索能力测试中平均得分在 85 分以上（满分 100 分）。

在新的招聘流程里，借助专业的人力资源信息系统（HRIS），依据这些关键指标对大量简历进行智能筛选。例如，某次招聘共收到 500 份简历，系统依据模型迅速筛选出 150 份较为匹配的简历进入初审环节，相比传统人工筛选效率提升了 3 倍以上。后续经过面试与综合考核，最终录用人员的岗位适配度从以往的 65% 提升至 85%，新入职员工在入职后的半年内，能够独立承担岗位工作的比例比以往同岗位新员工提高了 30%。

（二）培训决策中的课程优化

对于事业单位培训决策，数据分析可精准定位培训需求，优化课程设置。以某市级文化馆为例，员工涵盖文艺创作人员、文化活动组织者、艺术培训教师等不同岗位。首先整合多方面数据，包括员工年度绩效评估数据，其中包含创作人员的作品发表数量、作品获奖情况；活动组织者的活动参与人数、活动影响力评估；培训教师的学员满意度调查结果等。同时收集员工技能测评数据，如文艺创作人员对不同艺术形式的创作手法掌握程度、艺术培训教师

的教学方法多样性测评等。

运用数据分析工具进行深入分析，例如，采用因子分析方法挖掘影响员工绩效与技能提升的关键因素。经分析发现，对于文艺创作人员，“创新思维激发”与“文化热点洞察”是影响创作成果的关键因子；对于艺术培训教师，“教学互动技巧提升”与“课程设计个性化”是重要影响因素。基于此，文化馆针对性地设计培训课程。为创作人员开展文化趋势研讨班与创意工作坊；为培训教师组织教学互动实战演练与个性化课程设计培训。培训实施后，创作人员的作品投稿成功率在一年内提升了 20%，艺术培训教师的学员满意度从之前的 80% 提高到 90%。

（三）绩效管理决策中的绩效改进方向确定

在事业单位绩效管理中，数据分析有助于明确绩效改进方向。以某地区教育考试院为例，工作人员包括考试命题人员、考务组织人员、成绩分析人员等。构建全面的绩效数据体系，涵盖命题人员的命题质量评估数据，如试题的难度系数、区分度、知识点覆盖准确性；考务组织人员的考务工作失误率、考场安排合理性；成绩分析人员的数据处理准确性与分析报告质量等。

采用多元线性回归分析等方法，确定不同因素对绩效的影响程度。例如，分析发现命题人员的专业知识更新程度与命题质量呈显著正相关（相关系数为 0.65）。针对考务组织人员，通过对历年考务数据的分析，发现考务流程标准化程度与考务工作失误率呈高度负相关（相关系数为 −0.7）。基于这些分析结果，为命题人员制定专业知识定期培训与考核计划；为考务组织人员完善考务流程标准化手册并加强培训与监督。经过一个学期的实施，命题人员的命题质量评估得分平均提升了 15%，考务组织人员的考务工作失误率从之前的 5% 降低到 2% 以内，有效提升了整体绩效水平，保障了各类考试的公平、公正、高效组织。

二、通过数据分析方法优化人力资源决策

（一）数据挖掘在招聘决策中的应用

在事业单位招聘情境下，数据挖掘技术的应用为精准觅才提供了科学且

高效的途径。以某省科学院为例，其在科研岗位招聘流程中，深度运用数据挖掘技术挖掘人才数据宝藏，探寻高潜科研人才的关键特征与模式。

1. 数据准备与整合

在开展数据挖掘工作前，构建了一个庞大且详尽的人才数据库。内部科研人员数据的采集涵盖多维度信息：个人基本信息包含姓名、性别、年龄、联系方式、学历学位、毕业院校及专业、入职时间等基础字段；科研项目经历方面，详细记录了参与的每一个科研项目名称、项目编号、项目起止时间、项目负责人、项目参与人员列表、项目所属学科领域分类（依据国家学科分类标准精确划分）、项目研究目标与意义阐述、项目研究方法与技术路线详情、项目成果形式（如学术论文、专利、技术报告、原型系统等）、项目成果发表或应用情况（包括发表期刊名称及影响因子、专利授权号及应用领域、技术报告接收单位及应用反馈等）；学术成果信息中，对发表的学术论文进行全面记录，涉及论文题目、作者排序、发表期刊名称、期刊 ISSN 号、期刊影响因子（依据最新的 Journal Citation Reports 数据）、论文发表年份、论文被引用次数（通过专业的学术引用数据库如 Webof Science、Scopus 等统计）、论文关键词及摘要；科研获奖情况包括获奖名称、获奖等级（如国家级一等奖、省级二等奖等）、颁奖机构名称、获奖时间、获奖项目详细介绍、项目团队成员名单及个人在项目中的贡献说明；科研合作信息记录了与国内外高校、科研机构、企业等合作方的合作项目详情，涵盖合作项目名称、合作方名称及性质（如公立高校、私立科研机构、大型企业研发中心等）、合作起止时间、合作协议要点（包括资源共享方式、知识产权归属、资金投入与分配机制等）、合作项目成果及效益评估（从学术影响力、经济效益、社会效益等多方面综合评估）。

外部招聘人才数据则通过多种渠道广泛收集并整合。从知名学术人才数据库（如 Elsevier 的 Science Direct Talent、IEEEX Plore Talent 等）获取候选人的学术背景信息，包括学历学位验证、学术论文发表记录、科研项目参与经历等；从专业科研招聘平台（如科研人才网、高校人才网等）收集个人简历信息，涵盖求职意向、自我评价、期望薪资等；从高校就业指导中心获取应届毕业生的成绩单、导师推荐信、在校科研实践项目经历等信息；从社交媒体平台（如 LinkedIn、Research Gate 等）挖掘候选人的学术社交网络、专业影响力（通过关注者数量、点赞数、评论数等指标量化）、近期研究动态及学术交流活动参与情况。

2. 关联规则挖掘算法应用

运用关联规则挖掘算法 Apriori 对整合后的人才数据进行深度剖析。Apriori 算法基于频繁项集的挖掘原理，通过设定最小支持度和最小置信度阈值来筛选出强关联规则。在针对科研岗位的分析中，将“成功转化科研成果”设定为目标变量，其他人才特征作为输入变量。在算法执行过程中，首先，计算所有单个项目的支持度，即该项目在数据集中出现的频率，例如计算参与前沿课题研究这一项目在所有科研人员数据中的支持度。其次，根据最小支持度阈值筛选出频繁 1– 项集，再通过频繁 1– 项集生成候选 2– 项集，计算候选 2– 项集的支持度并筛选出频繁 2– 项集，以此类推，逐步生成更高阶的频繁项集。在这个过程中，发现了一组极具价值的关联规则：在成功转化科研成果的科研人员群体中，约 80% 在入职前深度涉足相关领域前沿课题研究，这类前沿课题研究往往聚焦于所在学科领域的新兴热点及关键科学问题，采用先进且具有创新性的研究方法与技术手段，研究成果在同行评审中获得高度认可或在行业内产生了显著的影响力，并且在国际知名学术会议上进行过成果展示与交流；并且他们与特定高校或科研机构建立了长期稳定且富有成效的合作研究关系，合作形式呈现多元化，包括共同申请科研项目（从项目申请书的撰写分工、资金分配到项目执行过程中的协同合作进行详细记录）、联合培养研究生（记录联合培养的研究生数量、培养方向、研究生在双方单位的学习与研究计划及成果）、互派科研人员交流学习（交流人员的基本信息、交流时间、在对方单位的学习与工作任务及取得的成果）等，通过合作实现了资源共享（如实验设备共享、科研数据共享、学术文献数据库共享等）、优势互补与知识创新的协同效应；同时，在科研创新能力评估体系中，这些人员在多个维度表现卓越，平均得分在 85 分以上（满分 100 分）。科研创新能力评估体系涵盖创新思维维度，通过专门设计的创新思维测试题，考查候选人提出新颖科研假设、探索未知研究领域的能力，例如，给定一个科研难题，要求候选人提出创新性的解决方案思路，并从创新性、可行性、科学性等多方面进行评分；创新方法应用维度，评估候选人对前沿科研方法与技术的掌握与应用能力，如是否熟练运用大数据分析技术进行科研数据处理（通过实际数据处理案例考核数据清洗、数据分析算法应用、数据可视化等技能）、是否能够将人工智能算法应用于模型构建（从模型构建的合理性、准确性、预测能力等方面评估）等；创新成果产出维度，则以专利申请数量（区分发明专利、实用新型专利、外观设计专利并分别统计）、高质量学术论文发表数量（依据期刊级别、影响因子、被引用次数等综合判断）、科研成果转化经济效益（通过成果转化合同金额、实际产生的经济效益及社会效益等数据量化）等指标进行量化评估。

（二）统计分析在培训决策中的应用

在事业单位培训决策的复杂体系中，统计分析方法犹如精准导航仪，为培训课程的优化设计与高效实施提供了关键的数据洞察。以某市民政局为例，其业务范畴广泛，涵盖社会救助、福利机构管理、婚姻登记等核心民生服务领域，员工岗位专业性强且工作内容差异显著，因此培训决策的科学性与精准性直接关乎服务质量的提升与民生福祉的保障。

1. 数据收集与整理

为深入探究培训对员工绩效的微妙影响，某市单位精心构建了一套全面且细致的数据收集与分析生态系统。首先，在员工培训参与数据收集环节，搭建了功能完备的培训管理信息系统。该系统详细记录员工参与的每一次培训课程的全方位信息：培训课程名称、课程编号（依据内部统一的课程编码规则生成，确保课程的唯一性与可追溯性）、培训时间（精确到年月日及具体培训时段，如 2024–05–10　09：00–12：00）、培训时长（以小时为单位精准记录，如 3 小时）、培训讲师信息（讲师姓名、所属机构、专业背景详细介绍、教学经验年限及所擅长的教学领域）、培训方式（分为线上直播培训、线上录播课程学习、线下集中授课、实地操作演练、案例研讨班等多种形式，并记录每种形式在课程中的占比）以及培训地点（详细记录线下培训的举办地点，包括地址、场地名称及场地设施概况）等信息，通过这些数据为每位员工绘制出一幅完整的培训履历画像，为后续深入分析不同培训经历对员工绩效的差异化影响奠定坚实基础。

其次，针对培训后技能提升考核数据，设计了一套科学合理且极具岗位针对性的考核指标体系。如对于社会救助专员，考核指标聚焦于社会救助政策法规知识掌握程度，通过闭卷考试形式考查对国家及地方最新救助政策法规条文的精准理解与灵活记忆，以及在复杂实际案例中的准确应用能力；救助对象精准识别能力，通过模拟救助场景，要求专员根据给定的案例信息准确判断救助对象是否符合救助条件，并详细说明判断依据，从多个维度评估其识别的准确性与逻辑性；救助方案制定能力，给定不同类型救助对象的详细情况，要求专员在规定时间内制定出个性化、精准化且符合政策要求的救助方案，考核方案的合理性（从救助措施的针对性、适度性等方面评估）、可行性（考虑资源可获取性、操作便利性等因素）及创新性（鼓励提出新颖的救助思路与方法）等方面，并由专业评审团队依据严格的评分标准进行评分。

最后，持续收集员工的日常工作绩效数据，这些数据犹如一面镜子，真实反映员工的工作成效，且来源广泛，涵盖多个业务管理系统与工作记录文档。例如，社会救助专员的救助工作准确率数据来源于救助业务审核系统，通过对每一笔救助申请的审核结果记录，统计救助申请被批准且符合实际救助需求的比例，以精确量化其工作准确性；救助对象满意度调查结果则通过定期开展的救助对象回访调查获得，以问卷调查或电话访谈形式收集救助对象对救助工作的满意度评价，并进行量化统计分析，从服务态度、救助效果、响应速度等多方面综合评估。

2. 方差分析应用与结果解读

运用方差分析（Analysis of Variance，ANOVA）等统计方法对丰富且多元的数据进行深度挖掘与剖析。方差分析作为一种强大的用于检验多个总体均值是否相等的统计工具，在培训决策分析中扮演着关键角色，它能够精准地确定不同培训课程对不同岗位员工绩效提升是否存在显著差异。以社会救助专员为例，将其参加的不同培训课程作为不同的处理组，将培训后的绩效提升数据作为观测变量。在进行方差分析时，首先需要检验数据的正态性、方差齐性等前提假设。对于正态性检验，采用 Shapiro-Wilk 检验方法，若检验结果表明数据满足正态分布假设，则继续进行方差分析；若不满足，则可能需要对数据进行转换（如对数转换、平方根转换等）或采用非参数检验方法。在确保数据满足前提假设后，进行方差分析计算。通过计算组间均方与组内均方的比值得到 F 统计量，再根据自由度确定 P 值。若 P 值小于预先设定的显著性水平（通常为 0.05），则表明不同培训课程对社会救助专员的绩效提升存在显著差异。

例如，在对社会救助专员参加的“社会救助政策解读与案例分析”“社会救助信息化管理系统操作培训”“沟通技巧与心理疏导培训”等多门课程的绩效提升效果分析中发现，“社会救助政策解读与案例分析”培训课程后，在救助对象精准识别与救助方案制定方面的绩效提升幅度平均为30%，而其他课程的绩效提升幅度仅为10%~15%。这一结果清晰地表明该课程在提升社会救助专员核心业务能力方面具有显著优势。基于此结果，民政局果断加大对该课程的资源投入，从师资聘请、教材更新、案例库扩充等多方面进行优化。邀请业内知名专家学者及经验丰富的一线从业者作为培训讲师，丰富培训内容与教学形式；更新教材时，纳入最新的政策法规解读、更多的实际案例分析以及前沿的救助理念与方法；扩充案例库时，收集整理来自全国各地的典型救助案例，并按照救助类型、救助难度、处理结果等多维度进行分类整理，以便培训过程中进行有针对性的案例教学与研讨。同时，增加实践操作环节，如组织学员到实际救助场景中进行实地调研与案例实操，让学员在真实环境中锻炼救助对象识别与方案制定能力，将理论知识与实践操作深度融合。

经过半年的优化实施，社会救助专员的救助工作准确率从之前的85%提高到92%，有效提升了社会救助工作的质量与效率。这一显著成效不仅体现了统计分析在培训决策中的关键价值，更彰显了数据驱动决策在事业单位人力资源管理中的巨大潜力。通过精准的数据分析与决策优化，事业单位能够更加高效地提升员工素质与工作绩效，进而为社会大众提供更为优质、精准与高效的公共服务，切实履行自身的社会责任与使命担当。

第十章　人力资源管理效能的协同提升：跨部门与多要素整合

第一节　跨部门协作对人力资源管理效能的综合影响

跨部门协作对人力资源管理各环节效能的影响深远且全面。在人力资源规划方面，它打破了部门壁垒，人力资源部门能够深入了解各部门的业务需求与人才缺口，通过精细规划与数据分析，实现人才资源的精准配置，有效提升了事业单位的人才供需匹配度。在招聘与选拔环节，跨部门面试官团队的组建提供了多维度的评估视角，确保选拔出的人才不仅具备专业技能，还能与岗位和组织文化高度契合，显著提高了新员工的在职时长与绩效评估表现。培训与发展方面，跨部门协作促进了培训资源的共享与优化，不仅提升了员工的综合业务能力，还激发了组织内部的创新活力。而在绩效管理领域，跨部门项目绩效评估体系的构建与应用，确保了项目整体目标的实现，通过明确各子任务的绩效指标与评价标准，以及定期的绩效评估会议与信息共享机制，有效提升了项目的整体绩效水平，同时也增强了各部门的协作意识与责任意识。综上所述，跨部门协作在人力资源管理的各个环节中均发挥着至关重要的作用，为事业单位的持续稳定发展提供了坚实的人力支撑与组织保障。

第二节　多要素协同在效能持续提升中的方法与实践

一、构建一体化人力资源管理信息平台

（一）功能模块整合与数据流转

1. 招聘管理模块

（1）多渠道数据对接与简历收集

与国内主流能源行业招聘网站进行实时数据同步对接，利用智能爬虫技术，按照设定的时间间隔（如每 2 小时）扫描新简历信息。通过精准的网页解析技术，提取包括姓名、联系方式、毕业院校、专业、工作经历摘要、期望薪资等关键信息，并存储在本地云端数据库中，确保数据的完整性与安全性。

与清华大学、浙江大学、中国石油大学等多所国内顶尖高校以及斯坦福大学、帝国理工学院等国际知名高校能源专业的就业管理系统达成战略合作，实现数据直连共享。高校就业平台定期推送应届毕业生详细求职意向信息，涵盖在校期间科研项目参与深度数据（如项目角色、承担任务、成果贡献等）、学术成果发表级别与引用次数、实习经历详细描述（实习单位、岗位、实习时长、实习成果等），为精准筛选人才提供丰富素材。

（2）智能简历筛选与推送

招聘团队可在平台上根据不同岗位需求灵活定制筛选条件。以新能源研发岗位为例，除常规学历要求硕士及以上，专业限定为新能源科学与工程、材料物理（能源方向）等相关专业，工作经验要求 3 年以上新能源领域研发经历且参与过至少 2 个相关项目外，还可通过关键词匹配技术筛选特定项目经历（如“锂离子电池正极材料研发项目”）或技能关键词（如“光伏电池量子效率提升技术”）。

系统依据设定的筛选条件，运用智能算法对收集到的海量简历进行高速初步筛选，将符合条件的候选人简历以列表形式展示在招聘团队的专属工作

平台上，并按照匹配度高低进行智能排序。招聘人员可进一步查看详细简历信息，对感兴趣的候选人点击“一键推送”按钮，系统将自动把其简历信息以标准化、结构化格式（包含个人详细基本信息、完整工作经历、技能特长详情、项目经验深度剖析等）推送至内部招聘团队成员的电子邮箱、手机端招聘 App 以及团队协作即时通讯工具中，方便团队成员随时随地查看和处理，大大提高招聘效率。

2. 培训管理模块

（1）个性化培训计划生成

新员工入职信息从招聘管理模块无缝流转过来后，系统自动启动个性化培训计划生成流程。首先对员工的岗位信息（如岗位名称、所属部门、岗位职级等）和个人能力信息（如招聘考核成绩、专业技能评估结果、既往培训经历等）进行全面分析。例如，若新入职员工被分配到新能源电池研发岗位，且在入职前的专业知识考核中，电化学原理部分得分低于 60 分，系统会优先在培训计划中安排“电化学基础理论强化课程”，课程形式包括线上高清视频课程学习（可设置学习进度跟踪与提醒功能）、线下专家课堂授课（可在线预约课程与座位）以及实验操作演示与实践（与实验室设备管理系统联动预约实验时间与设备）等多种方式，确保培训的针对性与有效性。

借助先进的智能算法与大数据分析技术，平台深入挖掘同岗位其他员工的培训历史数据和绩效提升情况，为新员工精准推荐适合的培训课程。如分析发现以往同岗位员工在参加了“新能源电池材料研发前沿技术研讨班”后，在后续半年内的创新成果产出率平均提高了 30%，系统会将该课程纳入新员工的培训计划推荐列表中，并根据新员工个人情况进行课程内容调整与优化，供培训管理人员参考选择，实现培训资源的高效配置。

（2）培训过程数据采集与流转

在员工培训过程中，培训管理模块通过多种先进技术手段采集数据。对于线上视频课程学习，系统利用视频播放技术与学习行为分析算法，实时记录员工的学习时长精确到秒、视频播放次数、课程章节完成进度百分比、课后作业完成情况（包括答题正确率、答题时间等）以及在线测试成绩（可自动生成成绩分析报告）等信息；对于线下课堂授课，培训师可通过平台移动端应用（支持 iOS 和 Android 系统）对学员的课堂表现（如参与度评分、提问回答质量评价、小组讨论贡献度等）进行实时打分评价，并记录学员的出勤情况（采用二维码或 NFC 近场通信技术签到签退）；在实验操作培训环节，实验室设备管理系统与培训平台深度相连，通过传感器技术自动记录学员的实验操作步骤顺序、实验结果数据准确性、实验设备使用熟练程度（如操作时间、操作失误次数等）等信息。

丰富的培训过程数据通过高速数据传输通道实时传输至绩效管理模块，为绩效评估提供全面、多维度的数据支持。例如，员工在培训课程中的在线测试成绩可作为其知识掌握程度的量化指标，直接影响绩效评估中的“专业知识提升”指标得分权重占比 30%；培训师对学员课堂表现的评价可反映员工的学习态度和团队协作能力，对应绩效评估中的“工作态度”指标得分权重占比 20% 以及“团队合作”指标得分权重占比 15% 等，实现培训与绩效评估的紧密结合。

3. 绩效管理模块

（1）多维度绩效指标设定与评估

根据不同岗位的工作性质和职责要求，平台构建了精细化、多维度的绩效指标体系。以能源项目管理岗位为例，绩效指标涵盖项目进度控制（通过项目管理软件如 PrimaveraP6 实时跟踪项目任务完成情况，计算项目实际进度与计划进度的偏差率，偏差率在 5% 以内得满分，每超出 1% 扣 10 分）、项目成本管理（与财务系统如用友 NC 深度集成，获取项目实际成本与预算成本的对比数据，成本控制在预算范围内得满分，超出预算 10% 以内扣 20 分，超出 10% 以上扣 50 分）、项目质量达标情况（由质量检测部门在平台上录入数据，根据项目验收时各项质量指标的合格率，合格率在 95% 以上得满分，每降低 1% 扣 15 分）、团队管理能力（通过团队成员满意度调查结果，满意度在 85% 以上得满分，每降低 5% 扣 10 分；团队内部沟通效率可通过即时通讯工具数据分析，如消息回复平均时长，时长在 1 小时以内得满分，每增加 30 分钟扣 5 分）以及技术创新贡献（由技术评审委员会在平台上进行认定和记录，在项目中提出并应用的新技术、新方法数量，每一项新技术应用成功得 20 分）等。

绩效评估周期可根据岗位特点和项目周期灵活设置，如月度、季度或年度评估。在评估过程中，系统自动收集各相关模块的数据，按照预设的绩效评估算法进行复杂计算。例如，对于项目进度控制指标，如果项目实际进度比计划进度提前 10%，则该项指标得分在满分基础上额外奖励 20 分；如果滞后 5%，则扣除相应分数的 1.5 倍。评估结果以可视化报表形式呈现给管理人员和员工本人，报表中详细列出各项指标得分情况、得分依据以及与上一评估周期的对比分析图表（如柱状图、折线图等），便于直观了解绩效变化趋势。

（2）绩效结果反馈与应用

绩效评估结果生成后，一方面在平台上及时反馈给员工本人，员工可登录平台查看详细的绩效评估报告，报告中不仅包含各项指标得分情况，还针对员工的不足之处提供个性化的绩效改进建议（如针对项目成本管理不佳的员工，推荐成本管理培训课程、分享优秀成本控制案例等）和学习资源推荐（如相关专业书籍、在线课程链接等），帮助员工提升绩效。

另一方面，绩效结果直接触发薪酬福利管理模块的计算引擎，作为薪酬调整和福利分配的核心依据。例如，绩效评估等级为优秀（综合得分在 90 分以上）的员工，其绩效奖金系数按照规定提升 30%，同时在福利方面可享受更多的带薪休假天数（如额外增加 5 天）、优先晋升机会（在晋升评审中同等条件下优先考虑）以及公司内部的高端培训资源优先使用权（如可优先报名参加行业顶级专家授课的培训课程）等，充分体现绩效与薪酬福利的紧密关联。

4. 薪酬福利管理模块

（1）薪酬计算与发放

根据绩效评估结果和单位薪酬制度，平台自动计算员工的薪酬。薪酬结构包括基本工资、绩效奖金、津贴补贴等部分。基本工资根据员工的岗位职级、工作年限等因素确定，在系统中预先设定好基本工资计算模型，如按照岗位职级对应不同的基本工资档次（如一级岗位基本工资为 8000 元，每晋升一级增加 1000 元），每年根据工作年限进行一定比例的递增（如工作年限每增加一年，基本工资上浮 3%）。绩效奖金则依据绩效评估结果中的绩效得分和绩效奖金系数进行计算。例如，绩效得分在 90 分以上的员工，绩效奖金系数为 1.5，若该员工的绩效奖金基数为 5000 元，则其绩效奖金为 5000 × 1.5=7500 元。

津贴补贴包括岗位津贴（如高温补贴，在夏季高温月份按照每月 500 元发放；野外作业补贴，根据员工实际野外作业天数每天 200 元发放等，系统根据员工工作地点和工作环境自动判断是否发放及发放金额）、学历津贴（按照员工的学历层次给予不同金额的补贴，如本科 300 元 / 月，硕士 500 元 / 月，博士 800 元 / 月）、交通补贴（根据员工居住地与工作地距离计算，如距离在 5 公里以内 200 元 / 月，每增加 5 公里增加 100 元）等。系统在每月工资结算周期前，自动收集员工的相关数据（如考勤数据由考勤系统提供、绩效数据由绩效管理模块提供、岗位变动信息由人力资源部门在平台上更新等），进行薪酬计算，并生成工资发放明细报表。财务人员审核无误后，通过银行代发系统将工资发放到员工个人银行账户，同时员工可在平台上查看工资条，了解薪酬构成和发放明细，工资条中还可提供历史工资数据对比分析图表，方便员工了解自己的工资变化趋势。

（2）福利管理与分配

平台对福利项目进行分类管理，包括法定福利（如五险一金）和单位自主福利（如商业保险、健康体检、员工食堂、节日福利、住房补贴等）。对于法定福利，系统根据国家法律法规和当地政策规定，自动计算员工的缴费基数和缴费金额，并与社保、公积金管理机构的系统进行对接，实现数据传输和缴费申报自动化。例如，养老保险缴费基数根据员工上一年度月平均工资确定，缴费比例按照当地规定执行，系统每月自动生成缴费明细并上传至社保机构系统。

对于单位自主福利，根据员工的绩效等级、岗位贡献、工作年限等因素进行分配。例如，年度绩效评估排名前 10% 的员工可享受额外的商业保险福利（如高额的人身意外伤害保险保额提升至 100 万元，重大疾病保险保额提升至 50 万元）；工作年限满 5 年的员工可申请住房补贴，补贴金额根据当地房价水平和单位补贴政策确定（如每月补贴 1000 元）；在重要节日（如春节、中秋节等），平台根据员工绩效等级和岗位职级发放不同档次的节日福利（如绩效优秀且职级较高的员工可获得价值 2000 元的节日礼品套餐，普通员工可获得价值 500 元的礼品）。员工可在平台上查看自己可享受的福利项目详情，并进行福利申请与使用记录查询，如员工可在线申请体检套餐预约、查询商业保险理赔进度等，提高福利管理的透明度与便捷性。

（二）数据分析与决策支持

1. 招聘数据分析与策略优化

系统定期（如每月）对招聘数据进行深度分析。对于不同招聘渠道的成本效益分析，详细计算每个渠道的招聘成本（包括招聘网站会员费、招聘广告投放费用、校园招聘差旅费等）与招聘人员的留存率（通过员工入职后的在职时长统计）、绩效表现（取入职后前 6 个月绩效评估平均得分）的综合性价比。例如，若在某招聘网站花费 5 万元会员费，共招聘到 10 名员工，其中 3 名在入职后一年内离职，留存率为 70%，这 10 名员工前 6 个月绩效平均得分 75 分，则该渠道的综合性价比 =（留存人数 * 平均绩效得分）/ 招聘成本 =（7*75）/50000=0.0105。通过对各渠道综合性价比的排序分析，优先加大性价比高的渠道投入，减少或优化性价比低的渠道。

对不同地域来源人才的稳定性与发展潜力评估，通过收集不同地域人才的离职率数据（按地域分组统计）、晋升比例（在一定时期内不同地域人才晋升人数占该地域总人数比例）、创新成果产出数量（如专利申请数量、技术改进方案数量等按地域分类统计）等数据进行综合分析。例如，发现来自长三角地区的人才离职率较低（5%），晋升比例较高（15%）且创新成果产出较多（人均专利申请数 0.5 件 / 年），则在招聘策略上可适当增加在长三角地区的招聘宣传力度与资源投入，如参加更多长三角地区高校的校园招聘活动、与当地人才市场建立更紧密合作关系等，提高招聘的精准性与有效性。

2. 培训数据分析与计划调整

依据培训数据与绩效数据的关联分析，深入挖掘特定培训课程对不同岗位员工绩效提升的贡献度差异。例如，针对新能源研发岗位员工，分析参加“太阳能光伏技术高级研修班”员工与未参加该课程员工在绩效指标“技术创新成果数量”上的差异，通过对比两组员工在参加培训后一年内的专利申请数量、技术改进方案提出数量等数据，发现参加培训的员工平均技术创新成果数量比未参加培训的员工高出 30%，则表明该课程对该岗位员工绩效提升有显著贡献，可继续优化该课程内容并加大推广力度。

进行培训时长与绩效提升的相关性分析，以新能源项目管理岗位培训为例，收集不同培训时长（如 3 天短期培训、1 周集中培训、1 个月系统培训等）

的员工在绩效指标“项目进度控制”“项目成本管理”“团队管理能力”等方面的得分数据，通过建立数据模型（如线性回归模型）分析培训时长与绩效得分之间的关系。若发现培训时长在1周左右时，员工在“项目进度控制”指标上得分提升幅度最大，而培训时长超过1个月后，绩效提升幅度逐渐趋于平缓，则可根据岗位需求合理调整培训时长，避免培训资源浪费，增强培训效果。

3. 绩效与薪酬福利数据分析与体系调整

定期（如每季度）对绩效与薪酬福利数据进行对比分析，评估薪酬福利体系的激励效果。例如，分析绩效奖金的增长幅度与员工绩效提升幅度之间的弹性关系，通过绘制散点图观察两者之间的分布规律，若发现绩效奖金增长幅度在20%以内时，员工绩效提升幅度较为明显，但当绩效奖金增长幅度超过30%后，绩效提升幅度增长缓慢，则可考虑调整绩效奖金结构，如设置分段式奖金系数，在绩效提升明显阶段加大奖金激励力度，在绩效提升趋于平缓阶段适当控制奖金增长幅度，优化薪酬福利体系的激励效果。

分析不同福利项目对员工满意度与绩效的影响，通过员工福利满意度调查结果（如对商业保险、健康体检、员工食堂等福利项目的满意度评分）与员工绩效数据（如绩效评估得分、绩效提升幅度等）进行关联分析。若发现员工对健康体检福利满意度较高且该福利项目与员工绩效提升有一定正相关关系（如绩效优秀员工对健康体检满意度平均得分85分，而绩效一般员工满意度平均得分70分），则可考虑适当增加健康体检项目或提高体检标准，进一步提升员工福利感知与工作积极性，促进人力资源管理效能提升。

二、制定跨要素战略规划

（一）战略目标分解与要素配置

制定跨要素战略规划要求事业单位将整体战略目标细致分解至人力资源管理各要素。以一家航天科研事业单位为例，其战略目标是在未来十年内，实现新型运载火箭的自主研发与成功发射，并在航天材料、航天电子技术等关键领域取得重大突破，提升我国在国际航天领域的地位。

在招聘方面，确定了招聘具有航空航天工程、材料科学与工程、电子信息工程等相关专业的顶尖博士人才与具有丰富国际航天项目经验的高级工程师的计划，明确招聘来源为国内外顶尖航天科研院校与国际知名航天企业；培训体系围绕新型运载火箭研发技术、航天材料性能优化、航天电子系统集成等核心技术展开，与国际顶尖航天科研机构合作开展联合培训项目，选派优秀员工到国外航天实验室进行交流学习，同时在单位内部建立航天技术模拟研发实验室，为员工提供实践与创新的平台；绩效评估指标设定为运载火箭研发项目的关键技术指标完成进度（如火箭发动机的推力指标、材料的强度重量比指标）、项目成本控制情况、技术创新成果数量（如申请的航天技术专利数量）以及国际合作项目中的贡献度等；薪酬福利策略则向核心技术研发岗位与项目管理岗位大幅倾斜，对于在新型运载火箭研发中有突出贡献的团队与个人给予高额绩效奖金、特殊荣誉津贴以及优先享受单位内部的高端科研资源配置权利，如优先使用大型实验设备、获得更多的科研经费支持等。通过跨要素战略规划的实施，在战略实施的前五年，该事业单位成功完成了新型运载火箭的关键技术攻关，多项航天材料与电子技术取得突破，申请国际国内航天技术专利 30 余项，为战略目标的最终实现奠定了坚实基础。

（二）动态调整与协同优化

跨要素战略规划并非一成不变，需依据内外部环境变化进行动态调整与协同优化。在上述航天科研事业单位的项目推进过程中，随着国际航天技术竞争格局的变化，如某一关键航天材料技术被国外竞争对手率先突破，及时调整绩效评估指标体系，增加对该材料技术追赶与超越相关指标的权重，并相应调整培训内容，加强与国内相关材料科研机构的合作，加大对该材料技术研发的培训投入，邀请材料领域的院士专家进行技术指导。同时，优化薪酬福利结构，设立专项材料技术突破奖励基金，激励员工集中精力攻克这一技术难关。通过各要素的协同动态调整，确保人力资源管理始终与事业单位战略目标保持一致，持续提升整体效能。

第三节 人力资源管理效能提升在组织整体发展中的协同效应

人力资源管理效能的提升在事业单位整体发展中发挥着至关重要的协同效应。通过精准对接战略需求进行人力规划，事业单位能够确保人力资源在数量、专业结构和技术能力上与战略规划高度匹配，为战略实施提供坚实的人力保障。同时，在战略动态调整过程中，人力资源管理部门迅速响应，通过系统的培训与再教育计划以及招聘策略的调整，实现人力的及时适配，确保业务平稳过渡并迅速开展。在业务运营方面，人力资源管理通过合理配置人员、优化岗位职能和驱动业务流程再造，有效提高了工作效率和效益。此外，合理设计与实施绩效激励机制，激发了员工的积极性和创造力，显著推动了业务产出的提升。除了与战略规划和业务运营的协同，人力资源管理还与文化建设紧密相连。在招聘过程中注重文化契合度，确保新员工能够快速融入组织并传承组织文化；通过培训活动深植组织文化，员工自发将组织价值观转化为自觉行为准则，有效提升了组织的凝聚力和社会影响力。综上所述，人力资源管理效能的提升在事业单位整体发展中起到了不可或缺的协同作用，为事业单位的长远发展和核心竞争力的构建提供了有力支撑。

第十一章　人力资源管理效能的动态评估与持续演进

第一节　效能评估指标体系的动态构建与反馈机制

一、效能评估指标体系构建原则

（一）全面性原则

全面性要求评估指标体系涵盖人力资源管理的各个关键领域与环节。从人力资源规划层面，需考量人员数量与结构的合理性规划、人才储备战略的有效性等指标；招聘与选拔方面，涉及招聘渠道的多样性与有效性、选拔过程的公正性与准确性、新员工质量等；培训与开发领域，包括培训计划的完整性、培训课程的针对性与实用性、培训效果的转化与提升等指标；绩效管理环节，有绩效指标设定的合理性、绩效评估过程的科学性、绩效结果的应用与激励性等；薪酬福利管理中，衡量薪酬水平的外部竞争力与内部公平性、福利体系的完善性与吸引力等。例如，某综合性事业单位在构建评估指标体系时，确定了涵盖上述各领域共 30 余项细化指标，从不同维度全面反映人力资源管理效能。

（二）科学性原则

科学性体现为指标的选取与设计应基于科学的人力资源管理理论与方法，且具有明确的内涵与可衡量性。例如，在衡量培训效果时，采用柯氏四级评估模型，设置反应层指标（如学员对培训课程的满意度调查得分，要求平均分达到 80 分以上）、学习层指标（如培训后的知识测试成绩，平均成绩需较培训前提高 30%）、行为层指标（通过员工直属领导与同事评价，观察培训后员工在工作行为上的改进情况，如工作效率提升比例、协作沟通能力的改善程度等）以及结果层指标（如因培训导致的业务成果增长，如项目完成时间缩短比例、服务质量提升带来的客户满意度提高幅度等）。同时，在确定指标权重时，运用层次分析法等科学方法，确保各指标权重分配合理，能够准确反映其对人力资源管理效能的相对重要性。

（三）可操作性原则

可操作性强调指标数据应易于获取、计算与分析，且评估过程切实可行。以人员流动率指标为例，数据可直接从单位的人力资源信息系统中提取，通过计算一定时期内离职员工数量与平均员工总数的比值得到。在评估绩效指标设定的合理性时，可依据预先设定的绩效指标模板与实际设定的指标进行对比分析，判断其是否符合岗位要求与组织战略目标，这种对比分析的方法简单直观，易于操作。避免选取过于复杂或难以获取数据的指标，以免影响评估工作的顺利开展。

二、评估指标的动态调整

（一）依据内外部环境变化调整指标

1. 创新能力指标的引入与细化

随着市场竞争格局的演变，创新能力成为事业单位可持续发展的核心竞争力。以某专业从事农业科研的事业单位为例，其传统评估指标多围绕科研项目数量、科研经费使用情况等。但在行业竞争加剧，新的农业技术不断涌现的背景下，创新能力的提升迫在眉睫。

对于科研成果的创新性评估，该单位建立了一套严格的专利评估流程。每年与专业的知识产权评估机构合作，对申请专利进行多维度分析。在发明专利比例要求提升方面，从之前的 30% 提升到 40% 这一目标设定后，单位内部组织了科研团队专项研讨。例如，在一项新型作物育种技术的专利申请评估中，评估团队不仅考察了该技术在基因编辑手段上的创新性，还对比了国内外同类研究的进展情况。通过对过去五年专利申请数据的详细分析，发现若要达到这一目标，需加强科研人员在前沿技术领域的培训与交流合作。于是，制定了每年选派 20% 的科研骨干到国际知名农业科研机构进行短期交流学习的计划，同时邀请国际专家来单位举办至少 5 场前沿技术讲座。

在新技术应用项目比例提升上，明确了新技术的范围包括新型农业种植技术、农业信息化管理技术等。为了实现三年内从 20% 提高到 30% 的目标，单位设立了专门的新技术应用项目管理办公室。在一个新的智能灌溉系统应用项目中，该办公室从项目立项开始就进行全程跟踪。在项目实施前，组织相关人员进行技术可行性研究和成本效益分析；项目实施过程中，定期收集数据，如灌溉效率提升数据、水资源节约数据等，并与传统灌溉项目进行对比分析。通过对多个类似项目的精细化管理，逐步推动新技术在总项目中的应用比例提升。

对于科研团队创新氛围营造，建立了内部创新想法交流平台。员工可以在平台上提交创新想法，由专门的评审小组进行初步筛选。例如，在过去一年中，共收到 100 多个创新想法，经过筛选后，有 30 个进入详细评估阶段，最终有 10 个被采纳并应用到实际项目中，比例接近 1∶3。为了进一步激发创新，单位设立了创新奖励基金，对提出创新想法和参与创新项目实施的人员给予物质和精神奖励，如奖金、荣誉证书以及在职称评定中给予加分等。

2. 数字化技能指标的纳入与实施

在数字化转型的浪潮下，某文化事业单位积极响应。在衡量员工数字化技能水平方面，其数字化技能培训课程涵盖了数字文化资源采集与整理、数字文化产品设计与开发等多个模块。培训课程完成率通过线上学习平台自动记录，每完成一个课程模块，系统自动标记进度。考核通过率则通过严格的理论考试和实践操作考核来确定。例如，在数字文化产品设计与开发的考核中，要求员工在规定时间内设计出一款具有文化特色的数字互动产品，并根据产品的创意性、技术可行性、用户体验等多方面进行评分。为了提高员工的参与度和技能水平，单位与专业的数字文化培训机构合作，定期更新培训课程内容，根据行业最新技术和发展趋势调整教学大纲。

在数字化工具应用程度上，该文化事业单位对业务流程进行了全面梳理。例如，在文化展览策划业务中，原来的展品登记、展示布局设计等环节多采用手工记录和传统绘图方式。引入数字化工具后，采用数字化展品管理系统，实现了展品信息的快速录入、检索和更新；使用专业的展览布局设计软件，能够通过虚拟现实技术提前预览展览效果，提高了设计效率和准确性。通过对各个业务流程的数字化改造，业务流程数字化覆盖率从 50% 提升到 70% 的目标得以稳步推进。在这个过程中，单位建立了数字化转型项目小组，负责对每个业务流程的数字化改造进行规划、实施和监督，定期对数字化工具的使用情况进行评估和优化。

对于数字化项目推进效率，以数字文化馆建设项目为例。项目团队制定了详细的项目计划，明确了各个阶段的任务和时间节点。在按时完成率方面，通过项目管理软件对项目进度进行实时跟踪。例如，项目中的数字资源采集任务原计划在 3 个月内完成，项目团队通过合理安排人员分工、采用高效的数据采集设备，提前半个月完成任务。在项目成果质量评估方面，邀请了文化行业专家、数字技术专家以及普通观众代表组成评估小组。评估小组从数字文化馆的功能完整性、界面友好性、文化内容丰富度等多个维度进行评估。根据评估结果，对项目中的不足之处进行改进，如优化用户界面设计、增加更多特色文化资源等，确保数字化项目能够高质量交付并有效服务于公众。

（二）权重分配方法

当某科研事业单位增加创新能力指标后，启动了权重分配工作。组建了由科研领域权威专家、战略规划师以及人力资源管理资深人士组成的评估团队。

在创新能力指标与科研项目完成数量指标比较时，评估团队从多个角度进行分析。从组织的长远发展来看，创新能力能够为单位带来新的科研方向和突破，而单纯的项目完成数量可能只是在现有技术水平上的重复劳动。例如，回顾单位过去十年的发展，发现虽然项目完成数量较多，但真正具有重大影响力的创新成果较少。通过对同行业先进单位的研究，发现他们在创新能力投入较大的时期，往往能取得突破性的科研成果并提升行业地位。基于这些分析，确定创新能力指标更为重要，初步设定创新能力指标权重为 30%，科研项目完成数量权重调整为 25%。

在创新能力指标与科研质量指标比较中，虽然科研质量关乎单位的学术声誉和成果应用价值，但创新能力是提升科研质量的源泉。例如，一项高质量的科研成果往往是基于新的理论或技术创新。评估团队通过对单位内部近年来高质量科研成果的追溯分析，发现其中 80% 以上都与创新技术或理念的引入有关。同时，参考国际科研评价标准，如在一些国际顶尖科研期刊的评价体系中，创新点是首要考量因素。因此，确定创新能力指标相对科研质量指标更关键，将科研质量指标权重设定为 20%。根据各指标之间的相互关系和重要性程度，运用数学模型对其他相关指标权重进行微调，确保权重总和为 100%。在整个过程中，利用层次分析法构建判断矩阵，计算各指标的相对权重，并进行一致性检验。例如，经过计算，一致性比率 CR=0.08（小于 0.1），表明权重分配结果具有良好的一致性和可靠性。

第二节 持续改进的方法、工具与效能提升的迭代路径

一、持续改进的方法应用

（一）PDCA 循环在人力资源管理各环节的应用

1. 招聘环节

PDCA 是一种持续改进的管理方法，全称为“计划－执行－检查－行动”（Plan–Do–Check–Act），由美国统计学家沃尔特·A. 休哈特在 20 世纪 50 年代提出，并在日本的质量管理中得到广泛应用。PDCA 循环是一个迭代的过程，其在招聘环节中的应用包括以下四个阶段：

计划（Plan）：在招聘计划制定阶段，事业单位需依据战略规划与岗位需求预测，确定招聘职位、人数、任职资格等。例如，某省图书馆计划在未来一年内招聘 5 名图书情报专业硕士研究生，以充实其数字化资源管理与信息咨询服务岗位。人力资源部门通过对现有人员结构分析、业务增长预测以及行业人才供给状况研究，制定详细的招聘计划，包括确定招聘渠道（如高校招聘、专业招聘网站投放广告等）、招聘预算分配以及招聘时间表安排。

执行（Do）：按照招聘计划，招聘团队开展各项活动。在高校招聘会上，招聘人员设置专业展位，详细介绍图书馆的发展前景、岗位职能与福利待遇，吸引符合条件的候选人投递简历。同时，在招聘网站上及时更新招聘信息，筛选简历并邀请候选人参加笔试与面试。例如，在一次校园招聘活动中，共收到 100 份简历，经过初步筛选，有 30 人进入笔试环节，最终 10 人进入面试，从中选拔出 5 名优秀的图书情报专业毕业生。

检查（Check）：招聘结束后，对招聘效果进行评估。主要检查指标包括招聘完成率（实际招聘人数与计划招聘人数之比，此次招聘完成率为 100%）、新员工质量（通过试用期考核通过率、新员工入职后短期内的工作绩效评估等衡量，如试用期考核通过率为 90%，新员工在入职后的前三个月内，数字化资源整理工作效率较以往提高了 20%）以及招聘成本效益（计算招聘总成本与新员工为单位带来的预期价值之比，此次招聘总成本为 5 万元，新员工预计在一年内可为图书馆增加数字化资源服务收益 20 万元，成本效益比为 1∶4）。

处理（Act）：根据检查结果，总结经验教训。若发现招聘过程中某些环节存在效率低下问题，如简历筛选耗时过长，人力资源部门则优化筛选标准与流程，采用自动化简历筛选软件，提高筛选速度与准确性；若新员工在入职初期对岗位适应存在困难，及时调整入职培训内容与方式，加强岗位技能培训与导师辅导环节，为下一轮招聘提供改进依据。

2. 培训环节

计划（Plan）：以某科研事业单位为例，在制定年度培训计划时，根据员工技能评估结果与科研项目需求，确定培训目标为提升科研人员在新兴科研技术（如基因编辑技术、大数据分析在科研中的应用等）方面的知识与技能水平，以及提高项目管理人员的项目管理能力（如 PMP 认证相关知识与技能）。计划开展内部培训课程 20 场，外部专家讲座 10 场，选派 10 名优秀科研人员参加国际科研培训交流项目，并制定相应的培训预算与时间安排。

执行（Do）：按照培训计划，组织实施培训活动。内部培训课程由单位内部资深科研人员与项目管理专家授课，采用理论讲解、案例分析、实验操作演示等多种教学方法。外部专家讲座邀请国内外知名科研机构与高校的专家学者，分享最新科研成果与前沿管理理念。在国际科研培训交流项目中，选派人员前往美国、德国等科研先进国家的科研机构进行为期三个月的学习与实践。例如，在基因编辑技术内部培训课程中，共有 80 名科研人员参加，培训后通过知识考核与实际操作评估，知识考核平均成绩较培训前提高了 35%，实际操作准确率提高了 25%。

检查（Check）：培训结束后，评估培训效果。从反应层（通过培训满意度调查，如课程满意度达到 85%）、学习层（知识与技能考核成绩，如新兴科研技术知识考核平均成绩提高 30%）、行为层（观察员工在工作中的行为变化，如在科研项目中应用新的数据分析方法的比例提高了 20%）以及结果层（如科研项目的创新成果数量增加，在培训后的半年内，基于新的科研技术应用，科研项目申请专利数量较去年同期增长了 15%）四个维度进行全面评估。

处理（Act）：依据评估结果，对培训内容、方式与师资进行调整。若发现某些培训课程内容过于理论化，与实际工作结合不紧密，在下一年度培训计划中，增加更多实际案例分析与实践操作环节；若外部专家讲座的某些主题与单位实际需求契合度不高，重新筛选与邀请更符合需求的专家；对于培训效果显著的课程与项目，加大资源投入并推广至更多员工群体，为后续培训工作的持续改进提供参考。

（二）六西格玛管理在人力资源管理中的应用

1. 定义阶段（Define）

以某事业单位的薪酬管理流程优化为例，首先明确项目目标为提高薪酬发放的准确性与及时性，减少薪酬计算错误与发放延迟现象，将薪酬发放错误率降低至 3.4ppm（百万分之 3.4）以下，发放时间控制在每月固定日期的前后一天内。确定项目范围包括薪酬核算、审批、发放等全流程涉及的部门与人员，如人力资源部门薪酬专员、财务部门出纳与会计、各部门考勤与绩效数据提供人员等，并制定详细的项目计划与时间表。

2. 测量阶段（Measure）

收集薪酬管理流程相关数据，包括过去一年中薪酬发放错误的类型（如工资计算错误、奖金核算错误、社保公积金扣除错误等）、错误发生的频率（每月平均出现 5 次错误）、薪酬发放时间的波动情况（平均延迟 3 天）以及影响薪酬发放准确性与及时性的因素（如考勤数据提交延迟、绩效数据审核不及时、薪酬计算系统故障等)。通过数据测量，确定当前薪酬管理流程的绩效水平，为后续分析与改进提供基础数据。

3. 分析阶段（Analyze）

运用鱼骨图等工具分析薪酬发放错误与延迟的根本原因。从人员、流程、系统、数据等方面进行深入剖析。例如，在人员方面，发现薪酬专员对新的薪酬政策理解不深，导致计算错误；各部门考勤与绩效数据提供人员责任心不强，数据提交不及时且错误较多。在流程方面，薪酬核算与审批环节存在烦琐的手工操作与重复审核，效率低下。在系统方面，薪酬计算系统版本老旧，兼容性差，容易出现数据丢失与计算错误。在数据方面，考勤数据与绩效数据格式不统一，增加了数据整合与核算的难度。通过对这些根本原因的分析，确定关键影响因素，为制定改进措施提供依据。

4. 改进阶段（Improve）

根据分析结果，制定针对性的改进措施。针对人员问题，开展薪酬政策与业务技能培训，提高薪酬专员的专业水平，建立数据提交责任制度，加强对各部门数据提供人员的考核与监督。在流程方面，优化薪酬核算与审批流程，采用自动化办公系统，减少手工操作与重复审核环节，提高流程效率。对于系统问题，升级薪酬计算系统，增加数据备份与错误提示功能，提高系统的稳定性与准确性。在数据方面，统一考勤与绩效数据格式，建立数据共享平台，实现数据的实时传输与整合。例如，经过流程优化后，薪酬核算时间从原来的 5 天缩短到 3 天，审批时间从 3 天缩短到 1 天。

5. 控制阶段（Control）

建立薪酬管理流程的监控与控制机制，确保改进措施的持续有效性。制定薪酬发放错误与延迟的预警指标，如每月薪酬发放错误次数超过 1 次或发放时间延迟超过半天即发出预警。定期对薪酬管理流程进行审计与评估，检查改进措施的执行情况，及时发现并解决新出现的问题。例如，在实施控制机制后的半年内，薪酬发放错误率降低至 1ppm（一个衡量薪酬发放错误率的极低标准，其表示在大量的薪酬发放操作中，每百万次操作只出现一次错误。这反映了薪酬管理流程在实施了有效的整控与控制机制后，错误率被极大地降低，达到了非常高的精确度和效率水平。这样的指标通常用于衡量流程改进和质量控制的效果，表明改进措施不仅有效，而且成效显著。）以下，发放时间均控制在每月固定日期的前后半天内，有效提高了薪酬管理的效能。

二、持续改进的工具使用

（一）鱼骨图分析问题根源

1. 在绩效管理问题分析中的应用

某事业单位在绩效管理过程中出现员工绩效提升不明显、绩效评估结果争议较大等问题。运用鱼骨图进行分析，从人员、方法、环境、设备等方面查找原因。在人员方面，发现部分管理人员缺乏绩效辅导能力，员工对绩效目标理解不清晰；在方法上，绩效指标设定不够科学合理，缺乏针对性与可衡量性，如某些岗位的绩效指标过于笼统，无法准确反映工作成果；环境因素上，单位内部缺乏良好的绩效文化氛围，部门之间协作不畅影响整体绩效；在设备方面，用于绩效数据收集与分析的软件系统功能有限，数据准确性与及时性难以保证。通过鱼骨图分析，全面梳理出绩效管理问题的根源，为制定改进措施提供了清晰的方向。例如，针对绩效指标设定问题，重新修订绩效指标体系，根据不同岗位的工作特点与职责，制定具体、可量化、可操作的绩效指标，使员工能够明确自己的工作目标与努力方向。

2. 在员工流失问题剖析中的应用

某文化事业单位面临员工流失率过高的问题，使用鱼骨图进行根源分析。从薪酬福利、职业发展、工作环境、领导管理风格等方面入手。在薪酬福利方面，发现与同行业相比，员工薪酬水平较低，福利项目缺乏吸引力；职业发展上，单位内部晋升渠道狭窄，员工培训与成长机会有限；工作环境上，办公设施陈旧，工作强度较大；领导管理风格上，部分领导缺乏沟通技巧，对员工的关注与支持不足。例如，针对薪酬福利问题，开展薪酬市场调研，根据行业水平调整员工薪酬结构，增加具有竞争力的福利项目，如提供住房补贴、带薪年假延长等。针对职业发展问题，建立多元化的晋升渠道，制定员工职业发展规划，提供更多的培训与学习机会，如内部轮岗培训、专业技能提升课程等，有效降低了员工流失率。

（二）流程图优化管理流程

1. 在招聘流程优化中的应用

某事业单位原招聘流程烦琐，从岗位需求提出到新员工入职需要经过多个部门的层层审批与冗长的等待时间。绘制招聘流程图后，对各环节进行详细分析。发现存在部门之间职责不清、信息传递不畅等问题。例如，用人部门提出岗位需求后，需经过人力资源部门、分管领导、财务部门等多个部门审批，且每个部门审批时间无明确规定，导致流程拖沓。优化后的招聘流程图明确了各部门职责与审批时间节点，采用并行审批方式，减少不必要的等待环节。如用人部门提出需求后，人力资源部门与财务部门同时进行岗位需求合理性与招聘预算审核，然后提交分管领导审批，总流程时间从原来的平均 60 天缩短到 30 天，提高了招聘效率，降低了招聘成本。

2. 在培训流程优化中的应用

以某教育事业单位的培训流程为例，原流程在培训需求收集、课程设计、培训实施与效果评估等环节存在脱节现象。通过绘制流程图分析，发现培训需求收集不全面，仅依赖部门负责人反馈，缺乏员工个人需求调查；课程设计缺乏针对性，未根据不同岗位与员工层级进行差异化设计；培训实施过程中，培训场地与设备安排不合理，影响培训效果；效果评估环节流于形式，未将评估结果有效应用于后续培训改进。优化后的培训流程加强了培训需求收集的全面性，采用线上线下相结合的方式，广泛收集员工个人培训需求与部门业务需求。根据需求进行课程设计，建立课程库，针对不同岗位与层级提供个性化培训课程。在培训实施过程中，提前合理安排场地与设备，确保培训顺利进行。完善效果评估环节，将评估结果与员工绩效挂钩，为培训内容与方式的持续改进提供依据，使培训流程更加科学、高效。

三、效能提升的迭代路径

（一）现状评估

1. 数据收集与分析

某事业单位在进行人力资源管理效能现状评估时，首先收集多方面的数据。从人力资源规划方面，收集人员数量、结构、岗位分布等数据，分析人员配置是否合理，如发现某部门人员冗余，而另一些关键岗位人员短缺；在招聘环节，统计招聘渠道的有效性（如不同招聘渠道带来的新员工数量与质量）、招聘成本（如招聘广告费用、猎头费用等）以及招聘周期（从岗位发布到人员入职的平均时间），发现通过某传统招聘网站招聘的员工离职率较高，且招聘成本较高；在培训方面，收集培训课程的参与率、培训效果评估数据（如知识技能提升程度、行为改变情况、对业务成果的影响等），发现部分培训课程参与率低且对员工工作绩效提升作用不明显；在绩效管理方面，分析绩效指标的合理性、绩效评估的公正性与准确性（如绩效评估结果与员工实际工作表现的偏差率）以及绩效结果的应用情况（如绩效奖金的激励效果），发现绩效指标未能充分体现岗位价值差异，且绩效奖金分配未能有效激励高绩效员工；在薪酬福利方面，对比本单位与同行业的薪酬水平、福利项目吸引力（如员工对福利满意度调查结果），发现薪酬水平在同行业中处于中下等，福利项目缺乏创新性。

2. 员工与管理者反馈收集

除了数据收集，还可通过问卷调查、访谈等方式收集员工与管理者的反馈。员工反馈集中在职业发展空间有限、培训内容不实用、薪酬待遇不公平等方面。例如，在问卷调查中，有 60% 的员工表示对目前的职业发展路径不清晰，希望单位提供更多的晋升机会与职业规划指导；管理者反馈主要包括人力资源管理流程烦琐、对业务支持不足等问题。如部门负责人反映在招聘过程中，人力资源部门与用人部门沟通不畅，导致招聘到的人员与岗位需求不完全匹配，通过对这些数据与反馈的综合分析，全面了解人力资源管理效能的现状与存在的问题。

（二）改进方案制定与实施

1. 基于评估结果的方案制定

根据现状评估结果，制定针对性的改进方案。针对人员配置不合理问题，制定人员调配与招聘计划，如将冗余部门的部分人员调配到人员短缺岗位，同时启动关键岗位的专项招聘计划；在招聘方面，优化招聘渠道，减少对低效招聘渠道的依赖，增加内部推荐奖励力度，如将内部推荐奖金提高 50%，鼓励员工推荐合适人才；对于培训问题，重新设计培训课程体系，根据员工岗位需求与职业发展阶段提供定制化培训课程，如为新员工设计入职培训套餐，为中层管理人员设计领导力提升课程；在绩效管理方面，修订绩效指标体系，采用关键绩效指标（KPI）与平衡计分卡（BSC）相结合的方法，使绩效指标更科学合理，同时完善绩效评估流程，增加员工自评与同事互评环节，提高评估的公正性与准确性；在薪酬福利方面，进行薪酬市场调研，根据调研结果调整薪酬结构与水平，增加具有竞争力的福利项目，如设立员工健康关怀计划、提供子女教育补贴等。

2. 方案实施与监控

按照改进方案，组织实施各项措施，并建立监控机制。在人员调配与招聘实施过程中，定期跟踪人员调配进度与招聘效果，如每周召开招聘工作例会，汇报招聘进展情况，每月对新入职员工进行绩效评估，观察其融入情况与工作表现；在培训方案实施时，对培训课程的开展情况、员工参与度与学习效果进行实时监控，如通过在线学习平台记录员工学习进度与考核成绩，培训结束后及时收集员工反馈，根据反馈调整培训内容与方式；在绩效管理改进措施实施过程中，监控绩效指标的执行情况、评估流程的规范性以及绩效结果的应用情况，如每月对绩效数据进行审核，确保数据准确性，每季度对绩效评估过程进行检查，发现问题及时纠正；在薪酬福利调整方面，监控薪酬发放的准确性与及时性，以及员工对新福利项目的满意度，如通过员工满意度调查了解福利调整效果，根据调查结果进一步优化福利方案，确保改进方案的有效实施。

（三）效果评估

1. 短期效果评估

在改进方案实施后的短期内（如 3~6 个月），对人力资源管理效能进行初步评估。在招聘方面，观察招聘渠道优化后的新员工质量与招聘周期变化，如发现新的招聘渠道带来的新员工试用期通过率提高了 15%，招聘周期平均缩短了 10 天；在培训方面，通过知识技能考核、员工工作行为观察等方式评估培训效果，如参加定制化培训课程的员工在知识考核中平均成绩提高了 25%，在工作中应用培训所学技能的比例提高了 20%；在绩效管理方面，分析绩效指标修订与评估流程完善后，绩效评估结果的准确性与公正性提升情况，如绩效评估结果与员工实际工作表现的偏差率从原来的20%降低到10%；在薪酬福利方面，通过员工满意度调查与薪酬福利成本效益分析评估效果，如员工对薪酬福利的满意度从原来的60%提高到70%，薪酬福利成本效益比从1∶2提高到1∶2.5，初步判断改进方案取得了一定成效。

2. 长期效果评估

经过一年以上的持续观察与评估，全面衡量人力资源管理效能的提升情况。在人员配置方面，观察人员结构优化后对单位业务发展的长期影响，如发现关键岗位人员充实后，业务创新能力增强，新业务项目开展数量较去年同期增加了30%；在招聘方面，分析新员工的长期留存率与职业发展情况，如新员工入职一年后的留存率从原来的70%提高到80%，且有30%的新员工在入职一年内获得了晋升或承担了重要项目任务；在培训方面，考察员工通过持续培训所积累的专业知识与技能对单位整体竞争力的提升作用，如单位在行业内的专业排名因员工素质提升而上升了5个名次，业务成果在市场中的份额因服务质量提高（得益于培训带来的员工能力增强）而增长了10%；在绩效管理方面，关注绩效改进对单位战略目标达成的推动作用，例如单位年度战略目标中的业绩增长指标因绩效体系优化而超额完成了15%，且员工对绩效体系的认可度长期稳定在85%以上；在薪酬福利方面，评估薪酬福利调整对吸引和留住核心人才以及单位人才队伍稳定性的长期影响，如核心人才流失率从原来的10%降低到5%，且因薪酬福利竞争力提升，在高端人才招聘市场的吸引力明显增强，收到的高端人才简历数量较去年同期增加了40%。通过长期效果评估，能够更深入、全面地了解改进方案对人力资源管理效能提升的持续性和稳定性影响，为进一步的优化和迭代提供坚实依据。

（四）下一轮改进

1. 基于效果评估的问题发现

根据短期和长期效果评估结果，尽管取得了一定成效，但仍可能发现一些新问题或存在原有问题的改进不彻底情况。例如，在招聘方面，虽然新员工质量和招聘周期有改善，但对于某些特殊专业岗位，仍存在招聘难度大、人才储备不足的问题；培训方面，虽然培训效果有所提升，但培训资源的分配还不够精准，部分员工因工作繁忙未能充分参与培训；绩效管理方面，绩效结果在跨部门协作项目中的应用还不够完善，导致部门之间的协同效率仍有提升空间；薪酬福利方面，随着市场环境变化，原有的福利项目吸引力逐渐下降，需要进一步创新和优化。

2. 新改进方案的策划与启动

针对这些新发现的问题，策划新的改进方案。对于特殊专业岗位招聘难，拓展招聘渠道至国际人才市场、与专业人才协会建立合作关系等，制定特殊人才引进计划；在培训资源分配上，采用灵活的培训时间安排，如开发线上微课程，方便员工碎片化学习，同时根据员工岗位需求和绩效表现进行培训资源的精准投放；在绩效管理方面，建立跨部门项目绩效共享机制，将部门协作效果纳入绩效评估指标体系，明确跨部门项目中各部门的绩效贡献权重；在薪酬福利方面，开展福利需求调研，根据员工反馈和市场趋势，增加个性化福利选项，如弹性工作福利（允许员工在一定范围内自主选择工作时间和地点）、职业发展福利（提供员工参加高端学术会议或专业培训的资助）等。启动新的改进方案，开启新一轮的人力资源管理效能提升的迭代循环，持续推动事业单位人力资源管理水平向更高层次发展，以适应不断变化的组织内外部环境和业务发展需求。

以某事业单位的人力资源信息化建设项目为例，展示其持续改进的全过程与效能逐步提升的迭代轨迹。

（1）第一轮改进

1）现状评估

发现原有人力资源信息系统功能单一，仅能满足基本的人事档案管理和考勤记录功能，无法提供有效的数据分析和决策支持。员工在使用过程中反馈操作烦琐，数据更新不及时，且各部门之间的数据共享困难。

2）改进方案制定与实施

决定引入一套先进的人力资源管理信息系统，涵盖招聘、培训、绩效、薪酬等全模块功能。组织专门的项目团队负责系统选型、采购、安装与调试，并对全体员工进行系统操作培训。

3）效果评估

在系统上线后的三个月内，进行短期效果评估。发现招聘模块的简历筛选效率提高了50%，培训模块的课程管理更加便捷，员工培训报名时间缩短了60%，绩效模块实现了绩效数据的实时统计与分析，薪酬模块提高了薪酬计算的准确性和发放的及时性。在一年后的长期效果评估中，发现人力资源部门的工作效率整体提高了30%，因数据准确及时，为管理层决策提供了有力支持，单位在人力资源成本控制方面取得了15%的优化效果。

（2）第二轮改进

1）基于效果评估的问题发现

虽然新系统功能强大，但与单位其他业务系统（如财务系统、办公自动化系统）的集成度不够，导致数据在不同系统之间的流转仍存在障碍，且部分员工对新系统的一些高级功能（如数据分析工具的使用）掌握不够熟练。

2）新改进方案的策划与启动

开展系统集成项目，与软件供应商合作开发数据接口，实现人力资源管理信息系统与其他业务系统的无缝对接。同时，针对员工系统使用技能不足的问题，制定详细的培训计划，包括线上教程、线下实操培训以及一对一辅导等，进一步提升员工对系统的应用能力，开启新一轮的改进循环，持续提升人力资源管理信息化建设的效能。

第三节　人力资源管理创新与未来趋势对效能提升的引领

一、当前人力资源管理创新趋势

（一）人工智能在招聘筛选中的应用

1. 技术原理与功能实现

人工智能在招聘筛选过程中主要依托自然语言处理、机器学习和深度学习等技术。通过构建智能算法模型，对大量的简历数据进行快速分析与处理。例如，利用自然语言处理技术，能够准确地识别简历中的文本信息，包括求职者的教育背景、工作经历、专业技能等关键要素，并将其转化为机器可理解的数据格式。机器学习算法则根据历史招聘数据中成功与失败案例的特征分析，不断优化筛选标准，提高对潜在优秀候选人的识别准确率。

2. 应用案例与效能提升数

以某大型科研事业单位为例，在引入人工智能招聘筛选系统之前，招聘团队需要花费大量时间人工筛选简历，平均每个岗位的简历筛选时间长达 5 天。且由于人为因素的局限性，可能会遗漏一些具备潜在优势但简历表述不够突出的候选人。引入人工智能系统后，系统能够在短短几分钟内对成百份简历进行初步筛选，根据预设的岗位要求与筛选模型，将符合基本条件的候选人精准地筛选出来，并按照匹配度进行排序。经过一段时间的应用，该单位发现招聘效率提高了 80% 以上，同时，通过对入职后员工绩效数据的回溯分析发现，经人工智能筛选入职的员工在试用期内的绩效达标率较之前提高了 30%，这表明人工智能在提高招聘效率的同时，也显著提升了招聘的准确性。

（二）远程办公模式下的管理策略

1. 管理策略调整内容

随着远程办公模式的兴起，事业单位的管理策略需要进行多方面调整。首先，在沟通协作方面，需建立更加高效、多元化的沟通渠道。例如，除了传统的电子邮件和电话会议外，广泛应用即时通讯工具、项目管理软件中的沟通模块等，确保员工之间能够实时、便捷地进行信息交流与工作协同。其次，在绩效管理上，从注重工作过程监督转变为更加关注工作成果评估。制定明确的远程工作任务目标与考核指标，如项目完成进度、成果质量、客户满意度等，并建立定期的工作汇报与反馈机制，以便及时了解员工的工作进展与问题。最后，在员工培训与发展方面，开发线上培训资源与课程体系，满足员工在远程办公环境下的学习需求，提升其专业技能与综合素质。

2. 对事业单位的影响与案例展示

某文化事业单位在疫情期间全面推行远程办公模式。在沟通协作方面，采用了一款集成多种功能的远程办公平台，该平台具备高清视频会议、文件共享、在线编辑等功能。通过该平台，不同部门之间的协作项目得以顺利推进，如在一个文化展览策划项目中，策划团队、设计团队和宣传团队成员分布在不同地区，通过远程办公平台的实时沟通与协作，成功在原定时间内完成了展览策划方案，且方案质量得到了内部评审的高度认可。在绩效管理方面，为远程办公员工制定了详细的项目任务书，明确每个阶段的任务目标与交付成果。

经过半年的实践，发现远程办公员工的项目按时完成率达到了 90% 以上，与传统办公模式下的完成率基本持平，且部分员工在远程办公环境下，由于减少了通勤时间等干扰因素，工作效率还有所提升。在员工培训方面，利用线上学习平台推出了一系列文化遗产保护、展览策划等专业课程，员工可以根据自己的时间安排自主学习，学习完成率达到了 80% 以上，有效提升了员工的专业知识水平与业务能力。

二、对事业单位人力资源管理效能提升的潜在影响

（一）人工智能提升招聘效率与准确性

1. 效率提升机制

人工智能在招聘筛选中的应用极大地缩短了招聘周期。传统的招聘流程中，人工筛选简历往往是一个耗时费力的环节，尤其是对于一些热门岗位或大规模招聘活动，招聘人员需要花费大量时间逐一查看简历，且难以快速准确地从海量信息中提取关键要素进行对比分析。而人工智能系统能够以极快的速度对简历进行批量处理，通过预设的关键词搜索、学历与工作经验匹配等功能，迅速筛选出符合基本要求的候选人，将招聘人员从烦琐的初级筛选工作中解放出来，使其能够将更多精力投入到对候选人的深入评估与面试环节，从而显著提高招聘整体效率。

2. 准确性保障因素

人工智能的准确性源于其强大的数据分析能力和不断学习优化的特性。它能够基于大数据分析，识别出与岗位成功匹配的关键特征与模式。例如，通过对过往成功招聘案例中员工的教育背景、专业技能、项目经验等多维度数据进行分析，建立起精准的岗位胜任力模型。在新的招聘过程中，利用该模型对候选人进行全面评估，不仅能够准确判断候选人的硬实力是否符合岗

位要求，还能通过对简历文本的语义分析等技术，挖掘候选人的潜在软实力，如团队协作能力、创新思维等，从而提高招聘的准确性，为事业单位选拔出更具潜力与适应性的人才。

（二）远程办公拓展人才范围与降低成本

1. 人才范围拓展表现

远程办公模式打破了地域限制，事业单位能够在更广泛的范围内招聘人才。以往，事业单位在招聘时往往受限于本地或周边地区的人才资源，对于一些偏远地区或特殊专业人才的获取存在困难。而远程办公使得优秀人才无论身处何地都有机会为事业单位服务。例如，某专业从事地理信息系统研究的事业单位，通过远程办公模式，成功招聘到了来自国内外不同地区的顶尖地理信息专家作为兼职顾问，这些专家能够利用自己的专业知识与经验，为单位的科研项目提供远程指导与技术支持，极大地提升了单位在该领域的研究水平与创新能力。

2. 成本降低途径与数据体现

从成本角度来看，远程办公能够降低事业单位的办公场地租赁成本、设备购置成本以及员工通勤补贴等费用支出。以某行政事业单位为例，在部分岗位推行远程办公后，减少了对办公场地的需求，将部分闲置办公空间进行转租，每年增加了 20 万元的租金收入。同时，由于员工远程办公，单位在办公设备采购方面的预算减少了 15%，员工通勤补贴费用也节省了 30% 左右，有效降低了运营成本，提高了资源利用效率。

三、结合未来社会发展趋势预测效能提升新方向

（一）老龄化社会与老年员工开发

1. 老龄化社会现状与趋势

随着全球人口结构的老龄化趋势日益明显，事业单位面临着新的人力资源挑战与机遇。据统计，在一些发达国家，65 岁以上人口占总人口的比例已经超过 20%，我国也逐渐步入老龄化社会，老年人口数量不断增加。在这种

背景下，事业单位的人力资源结构也将发生变化，老年员工的比例可能会逐渐上升。

2. 老年员工开发策略与效能提升潜力

事业单位可以制定针对老年员工的开发策略。例如，根据老年员工丰富的工作经验与深厚的专业知识，设立内部导师制度，让老年员工在年轻员工的培训与职业发展中发挥重要作用。在某医疗事业单位，一些经验丰富的老年医生成为年轻医生的导师，通过临床指导、病例分析讲解等方式，传承医学经验与技能，不仅提高了年轻医生的业务水平，也增强了老年员工的职业成就感与归属感，提升了单位整体的医疗服务质量与人才培养效能。同时，事业单位还可以根据老年员工的身体状况与工作能力，调整工作岗位与工作任务，安排一些适合他们的咨询、顾问类工作，充分发挥老年员工的余热，实现人力资源的优化配置。

（二）科技发展与数字化人才管理创新

1. 科技发展趋势与数字化人才需求

随着科技的飞速发展，如人工智能、大数据、区块链等新兴技术的广泛应用，事业单位对数字化人才的需求日益迫切。未来，数字化将渗透到事业单位的各个业务环节，从行政管理的数字化办公系统优化，到业务服务的数字化平台建设，都需要大量具备数字化技能的专业人才。例如，在智慧政务建设中，需要数字化人才来开发与维护政务服务平台，实现政务数据的整合与共享，提高政务服务的便捷性与效率。

2. 数字化人才管理创新举措与效能提升路径

事业单位在数字化人才管理方面需要创新举措。在招聘环节，加大对数字化人才的招聘力度，拓宽招聘渠道，与高校的计算机科学、信息管理等专业建立紧密合作关系，提前锁定优秀数字化人才。在培训与发展方面，建立数字化人才专项培训计划，提供与新兴技术相关的学习资源与实践机会，如设立人工智能实验室、大数据分析项目等，让数字化人才能够不断更新知识与技能，跟上科技发展的步伐。通过这些创新举措，提升事业单位在数字化时代的管理效能，如提高业务流程的自动化程度、提升数据驱动决策的准确性与及时性等。

四、前沿创新实践案例研究为事业单位提供前瞻性思路与启示

（一）某互联网科技企业的弹性人力资源管理模式

1. 案例详情

（1）企业基本情况与业务范围

有一家颇具规模的互联网科技企业，暂且称之为新兴网科。它在互联网行业已驰骋多年，业务涵盖了软件研发、互联网平台运营以及数字内容创作等多个领域。企业员工总数约 800 人，其中技术研发人员占比约 40%，市场运营人员占比 30%，其余为职能支持人员等。其开发的多款软件产品在行业内拥有较高知名度，服务的用户群体广泛，涵盖了个人消费者、中小企业以及部分大型企业客户。

（2）弹性管理模式的具体实践

远程办公与兼职员工的应用场景：在一次软件产品的功能更新项目中，该项目旨在提升一款企业办公软件的协同办公功能，如优化文件共享速度、增强多人在线编辑的稳定性等，项目周期设定为 5 个月。其中，部分界面优化和简单功能测试的子任务，预计耗时 1.5 个月且技术要求相对基础。新兴网科通过专业的远程工作招聘平台发布了兼职岗位需求，详细说明了任务内容、所需技能（如熟悉常见办公软件界面设计规范、掌握基本的软件测试流程）、时间安排（每周工作时长不少于 20 小时）以及报酬计算方式（按任务完成量和质量支付）。很快，一位有多年软件界面设计和测试经验的自由职业者应聘成功。他利用自己的专业设备，在自家的工作室中开展工作。通过企业提供的远程协作工具，如安全的虚拟专用网络（VPN）连接企业内部服务器，使用专门的项目管理软件进行任务跟踪与反馈。在工作过程中，遇到了文件共享权限设置与部分操作系统不兼容的问题，他与企业内部负责服务器维护的技术人员通过即时通讯工具和视频会议进行沟通，经过多次调试和修改代码，最终解决了问题，确保了该子任务按时完成，且质量达到预期标准。据统计，通过采用兼职远程办公的方式，企业在这一子任务上节省了约 25% 的人力成本。

项目合作与高校科研团队的协同机制：当企业开展一项关于人工智能图像识别技术在数字内容审核中的应用研究项目时，由于该项目涉及到复杂的人工智能算法和深度学习模型构建，企业自身研发团队在相关理论研究和算法优化方面存在一定局限。于是，新兴网科与一所国内知名的综合性大学——慧智大学的计算机科学与人工智能学院展开了项目合作。该学院拥有一批在人工智能领域卓有建树的教授、副教授以及大量优秀的博士和硕士研究生，并且具备先进的人工智能实验室，配备了高性能的 GPU 集群计算设备、海量的图像数据样本库以及专业的图像标注团队。双方签订了详细的合作协议，企业投入 400 万元的研发资金，并选派了 6 名资深软件工程师和算法专家参与项目。高校科研团队则负责核心算法研究、模型训练与优化的主要工作。在合作期间，双方建立了定期的沟通机制，每周举行线上研讨会，企业团队分享实际业务场景中的图像审核需求、数据特点以及性能要求，高校科研人员介绍最新的算法研究进展、模型优化策略。例如，在图像识别模型对特定类型图像（如艺术作品图像、医学影像图像）的识别准确率提升方面，高校科研团队通过采用新型的神经网络架构和数据增强技术，使模型准确率提高了 30%。经过 18 个月的紧密合作，成功开发出一套高效、精准的人工智能图像识别系统用于数字内容审核，该系统在实际应用中，将内容审核的误判率降低了 40%，大大提高了企业平台内容管理的效率和质量。

2. 对事业单位的启示

（1）文化事业单位的借鉴举措

以某区级文化艺术中心为例，其承担着组织各类文化演出、艺术展览、文化培训等重要职能。在筹备一场大型艺术展览时，展览涉及多个艺术流派的作品展示、展览场地布置、宣传推广以及观众导览服务等多方面工作，筹备时间仅有 4 个月。文化艺术中心可以借鉴新兴网科的模式，在展览场地布置环节，招聘兼职的室内设计专业学生或有相关经验的自由设计师。这些兼职人员可以根据展览主题和作品风格，利用他们的创意和专业知识，设计出独特的展览布局方案，如采用特殊的灯光效果、展示架造型等，增强展览的艺术感染力。在宣传推广方面，与当地专业的广告传媒公司合作，他们能够运用丰富的媒体资源和创意营销手段，制定全面的宣传计划，包括在社交媒体平台上进行广告投放、制作精美的宣传海报和视频等，吸引更多观众前来参观展览。通过这种弹性管理模式，文化艺术中心不仅能够高效地完成展览筹备任务，还能提升展览的专业性和影响力，为本地文化艺术的传播和交流创造更好的条件。

（2）科研事业单位的应用思路

某环境科研事业单位在开展一项关于新型环保材料研发与环境修复技术结合的研究项目时，可以与相关专业的高校科研团队合作。例如，与一所在材料科学和环境工程领域有深厚研究底蕴的工科大学——精研理工大学的相关学院合作。该学院拥有先进的材料研发实验室，配备了如扫描电子显微镜、X 射线衍射仪等高精度的材料分析检测设备，以及在环境修复技术研究方面有丰富经验的专家教授团队。双方可以共同申请政府科研项目资金或企业合作研发资金，共享研究数据和实验设施。科研事业单位的研究人员可以提供实际环境监测数据和环境修复案例需求，高校科研团队则在新型环保材料的合成与性能研究、环境修复技术的理论创新等方面发挥优势。例如，在新型环保吸附材料的研发过程中，高校科研团队通过分子设计和实验合成，开发出一种具有高吸附容量和选择性的新型材料，科研事业单位则负责将该材料应用于实际环境修复场景的测试和效果评估。通过这种合作，能够加速研究项目的进程，提高研究成果的创新性和实用性，为环境保护事业提供更有力的技术支持。

（二）某跨国企业的全球人才云平台建设

1. 案例详情

（1）跨国企业概况与平台构建背景

有一家大型跨国企业，名为 H 集团，业务遍及全球 60 多个国家和地区，涉足金融、能源、制造、科技服务等多个关键行业领域。其在全球拥有众多分支机构和子公司，员工总数超过 15 万人。随着集团业务的不断拓展和全球化战略的深入实施，对各类专业人才的需求日益多样化和复杂化，传统的人才招聘和管理模式难以满足其高效、精准获取全球人才资源的需求。为了打破地域限制，整合全球人才优势，H 集团投入了大量的人力、物力和财力构建全球人才云平台。

（2）平台的功能特色与运作详情

海量数据收集与整合：H集团与全球250多所知名高校建立了深度的人才合作关系，这些高校包括哈佛大学、剑桥大学、东京大学等国际顶尖学府，以及国内的清华大学、复旦大学等一流高校。通过与高校的合作，获取了丰富的人才数据，包括高校学生的学业成绩、专业课程学习情况、科研项目参与经历、学术论文发表情况等信息，以及高校教师和科研人员的教学成果、科研项目成果、专业领域影响力等数据。同时，与全球120多家专业人才协会建立了数据共享协议，如国际注册会计师协会（ACCA）、国际电气工程师协会（IEEE）等，收集了会员的专业资格认证信息、职业发展历程、行业声誉评价等多维度数据。此外，集团还整合了自身内部各分支机构和子公司的人力资源管理系统数据，涵盖了员工的工作履历、绩效评估记录、培训经历、技能特长等详细信息，构建成了一个庞大而全面的全球人才数据库，数据总量超过8000万条。

智能搜索与精准筛选功能：该平台基于先进的人工智能算法和大数据分析技术，具备强大的智能搜索与精准筛选功能。用户可以根据项目的具体需求，设定极为细致的筛选条件。例如，在开展一个位于欧洲地区的大型金融科技项目时，项目团队需要招聘具有8年以上金融风险管理经验、精通欧洲金融市场法规、拥有国际金融风险管理师（FRM）认证、在跨国金融科技项目中有成功项目管理经验的高级金融专家。通过在全球人才云平台上输入这些筛选条件，平台能够在瞬间从海量人才数据中筛选出符合要求的候选人名单，并根据候选人与项目需求的匹配程度、专业技能水平、行业声誉、职业发展潜力等多维度因素进行智能排序。在一次对全球范围内的新能源汽车电池技术专家的搜索中，平台仅用了5秒钟就从60万名相关领域人才中筛选出了30名最符合要求的候选人，大大缩短了人才搜索时间，提高了招聘效率。

多维度人才评价与精准推荐体系：平台建立了一套全面、科学、多维度的人才评价体系，融合了定量分析与定性评价方法。对于人才的专业技能，通过对其学历背景、专业资质认证、项目成果中的技术指标达成情况、专利技术数量等进行量化评估；对于软技能，如团队协作能力、领导力、创新能力等，则通过对人才过往项目经历中的团队成员评价、项目创新成果影响力、领导角色与绩效等多方面数据进行深入挖掘与分析。例如，对于一位在德国某知名汽车制造企业工作多年的高级工程师，平台不仅详细展示了他在汽车发动机研发方面的多项专利技术成果、在国际权威汽车技术期刊上发表的论文数量与质量、参与的重大汽车研发项目情况，还通过对他所在项目团队成员的匿名评价数据进行语义分析，提取出他在团队协作中的沟通风格、问题解决能力以及在跨部门合作中的协调能力等关键信息。

基于这些全面而深入的评价结果，平台能够为不同类型、不同规模、不同地域的项目精准推荐最合适的人才。H 集团在亚洲地区开展的一个科技服务创新项目中，平台根据项目的技术需求、创新目标以及团队协作要求，为项目团队推荐了一位来自新加坡的科技服务专家。该专家加入项目后，凭借其丰富的科技服务经验和卓越的创新能力，带领团队成功开发出一款具有创新性的科技服务解决方案，在上线后的短短 6 个月内，为集团在亚洲科技服务市场赢得了显著的市场份额和良好的客户口碑。

2. 对事业单位的启示

（1）教育事业单位的实践方向

以某省级教育研究院为例，其肩负着引领全省教育政策研究、教育教学改革实验、教师专业发展促进等重要使命。借鉴 H 集团全球人才云平台的建设理念与功能模式，该教育研究院可以构建省级教育人才智慧云平台。在数据收集方面，与省内所有本科高校、师范院校以及各地市教育局建立紧密合作关系。从高校收集包括教师的教学成果数据，如省级以上教学名师评选结果、国家级教学成果奖获奖情况、精品课程建设情况等；科研成果数据，如在教育类核心期刊发表的论文、主持或参与的国家级教育科研项目、获得的教育科研专利等；培训经历数据，如参加国内外高端教育学术会议、专业培训课程的详细记录等以及个人的教育教学理念与特色教学方法等信息。从各地市教育局获取区域内优秀教师、教育管理人才的基本信息、教学业绩评价数据以及在当地教育改革实践中的突出贡献等信息。同时，整合研究院内部研究人员的详细研究成果、项目经验以及学术影响力等数据，构建成一个涵盖全省教育领域各类人才资源的综合性数据库，预计初始数据量将超过 60 万条。

在人才搜索与筛选功能上，根据不同的教育研究项目与工作任务需求，设定精准的筛选条件。例如，在开展一项关于“素质教育课程体系构建”的研究项目时，可以筛选出具有丰富课程开发经验、在素质教育理论研究方面有深入见解、在多学科教学实践中有成功案例的教师、专家和教育研究人员参与项目研究。在组织全省教师培训项目时，根据培训课程的主题与目标，筛选出具有相关学科教学专长、培训经验丰富且教学效果显著的教育专家担任培训主讲教师。在一次关于“中小学心理健康教育师资培训”的项目中，通过平台筛选出了8名在心理健康教育领域具有丰富临床经验、发表过多篇相关研究论文且在教师培训方面口碑良好的专家，为培训项目的高质量开展提供了有力保障。

人才评价与推荐功能方面，建立一套科学合理、符合教育行业特点的人才评价体系。通过对教师的教学评价数据，如学生评教结果、同行听课评价、教学督导反馈等；科研成果影响力评价，如论文引用次数、科研项目成果转化率等；以及在教育教学改革实践中的贡献度评价，如参与区域教育政策制定的深度与广度、在学校层面推动教育教学改革的成效等多方面数据进行综合分析，为人才生成全面、客观、动态的教育能力评价报告。例如，对于一位在语文教育教学改革方面成绩斐然、主持多项省级语文教育科研项目、编写多本语文教材且在全省语文教师培训中广受好评的教师，在人才智慧云平台中给予其较高的教育教学创新能力、教育科研引领能力与教师培训能力评价。当有学校或教育机构提出关于语文教育教学改革的咨询或合作需求时，平台能够根据需求特点与人才评价结果，精准推荐该教师参与相关工作。通过这样的省级教育人才智慧云平台建设，能够有效促进全省教育人才的合理流动与优化配置，提升教育资源的共享水平与利用效率，为推动全省教育事业的高质量、可持续发展提供坚实的人才智力支撑。

（2）医疗事业单位的探索思路

某市级医疗研究中心在开展重大疾病研究、医疗技术创新以及医疗人才培养等工作时，可以构建医疗人才云平台。与本地及周边地区的医学院校、各级医疗机构建立合作关系，收集医疗人才数据。包括医学院校教师的医学科研成果、教学经验、临床带教能力等信息，医学生的学业成绩、实习表现、科研参与情况等数据；医疗机构医生的临床诊疗经验、手术技能水平、疑难病症诊治案例、科研成果（如医学专利、发表的临床研究论文）等信息，护士的护理技能专长、护理服务质量评价、参与特殊护理项目经历等数据。

整合这些数据构建医疗人才数据库。在开展一项关于心血管疾病新型治疗技术研究项目时，可以通过平台筛选出具有丰富心血管疾病临床治疗经验、在相关领域有科研成果、熟悉国际最新治疗技术的专家医生和研究人员组成项目团队。在组织医疗护理培训时，筛选出护理技能精湛、有丰富临床护理培训经验的护士担任培训师资。例如，在一次针对基层医疗机构医护人员的急救技能培训项目中，通过平台筛选出 10 名在急诊急救领域经验丰富、培训效果良好的医护人员作为培训讲师，提高了培训的质量和效果。同时，通过平台的交流互动功能，促进不同医疗机构、医学院校之间的医疗人才交流合作，分享临床经验、科研成果，提升整个区域的医疗技术水平和医疗服务质量。

第十二章　结语

本书通过系统阐述，展现了事业单位在人力资源管理效能提升过程中所面临的各种挑战以及应对这些挑战的有效策略。从招聘与选拔的精准定位，到培训与发展的系统规划；从绩效管理的科学实施，到薪酬福利的激励优化；再到员工关系的和谐构建，每一章节都深入剖析了关键要素，提供了丰富的实践案例和理论支撑。

在人力资源规划方面，强调了战略对接与动态调整的重要性，确保人力资源配置与组织目标紧密契合。招聘与选拔过程中，通过引入先进的评估工具和筛选机制，提高了人才选拔的准确性和效率。培训与发展方面，倡导个性化、定制化的培训方案，助力员工职业成长与组织创新能力提升。绩效管理则通过科学设定指标、公正评估与有效反馈，激发了员工的工作积极性和组织归属感。薪酬福利管理在保障员工基本生活需求的同时，也发挥了重要的激励作用，促进了员工与组织之间的共赢。

员工关系作为组织文化的重要体现，通过构建和谐的劳动关系、畅通的沟通机制以及丰富的员工关怀活动，增强了员工的归属感和忠诚度。此外，本书还探讨了法律法规与合规性管理对人力资源管理效能的保障作用，以及人力资源信息系统在提升管理效率与决策科学性方面的关键作用。

展望未来，事业单位人力资源管理效能的提升仍将持续面临新的挑战与机遇。随着科技的飞速发展和社会的快速变革，事业单位需要不断探索新的管理模式和方法，以适应时代的需求。希望本书所阐述的策略和理念能够为事业单位的人力资源管理者提供有益的参考和启示，以便推动事业单位人力资源管理效能的持续提升，为组织的长远发展和社会服务使命的履行贡献更大力量。

参考文献

[1] 闫德伟 . 人力资源信息系统与事业单位管理效能 [J]. 财讯，2024（1）：59–61.

[2] 黄腾腾 . 新时代行政事业单位人力资源管理优化与经济效能提升的策略研究 [J]. 南北桥，2024（16）：109–111.

[3] 华梦佳 . 新时代背景下如何提升事业单位人力资源管理效能 [J]. 新疆有色金属，2024，47（1）：88–89.

[4] 王策 . 事业单位人力资源管理与提升经济效能策略分析 [J]. 现代经济信息，2023，38（7）：149–151.

[5] 葛玉华 . 事业单位人力资源管理在提升公共服务效能中的挑战与策略研究 [J]. 知识经济，2024，674（10）：220–222.

[6] 刘静 . 如何提升事业单位人力资源管理效能 [J]. 现代经济信息，2021（31）：19–21.

[7] 郇庆双 . 事业单位人力资源管理的优化与效能提升 [J]. 市场调查信息，2024（14）：146–148.

[8] 于晓萌 . 机关事业单位人力资源管理效能的提升 [J]. 黑龙江人力资源和社会保障，2021（20）：93–96.

[9] 李昆 . 新时代事业单位人力资源配置优化与经济效能提升的策略研究 [J]. 广东经济，2024（16）：79–81.

[10] 马静慧，李建帅 . 增强行政事业单位人力资源管理效能的关键要素 [J]. 消费导刊，2023（50）：90–93.

[11] 何颖超 . 机关事业单位人力资源管理效能提升的机遇与挑战 [J]. 中国科技投资，2024（23）：113–115.

[12] 亓亚晴 . 从人力资源角度谈事业单位绩效管理优化思路 [J]. 投资与创业，2024，35（1）：167–169.

[13] 吴磊 . 事业单位人力资源管理中绩效考核的实施研究 [J]. 办公室业务，2024（18）：111–113.

[14] 段晓菲 . 事业单位人力资源管理中薪酬福利的激励策略研究 [J]. 南北桥，2024（13）：70–72.

[15] 迟振毅 . 基层事业单位人力资源管理中激励机制的运用 [J]. 办公室业务，2024（2）：90–92.

[16] 程小芬 . 以信息化技术推动人力资源管理效能提升 [J]. 中国民商，2023（3）：196–198.

[17] 曹炜炜 . 事业单位人力资源管理信息化的价值及实施策略探究 [J]. 投资与创业，2024，35（13）：185–187.

[18] 崔剑南 . 循证管理在事业单位人力资源管理中的应用探讨 [J]. 经济师，2024（7）：264–266.

[19] 康彦萍 . 绩效考核在事业单位人力资源管理中的运用探析 [J]. 南北桥，2024（11）：133–135.

[20] 王代波 . 新时代事业单位人力资源管理效能提升路径研究 [J]. 市场调查信息，2023（13）：172–174.

[21] 宋璇 . 如何提升事业单位人力资源管理效能 [J]. 大众投资指南，2021（17）：169–170.

[22] 马雯 . 如何提升事业单位人力资源管理效能 [J]. 越野世界，2021，16（8）：221–222.

[23] 钱红 . 激励机制在事业单位人力资源管理中的运用研究 [J]. 南北桥，2024（17）：94–96.

[24] 李婷婷 . 激励机制在事业单位人力资源管理中的应用 [J]. 南北桥，2024（16）：106–108.

[25] 孙晓威 . 探析提升事业单位人力资源管理效能的有效策略 [J]. 新营销，2020，17（7）：94–96.

[26] 吴曦 . 事业单位人力资源管理的优化与效能提升 [J]. 人才资源开发，2023（14）：46–48.

[27] 闫娜 . 新时代背景下事业单位人力资源管理效能提升 [J]. 人才资源开发，2023（3）：35–36.

[28] 史少峰 . 事业单位人力资源管理效能的提升研究 [J]. 中外企业家，2022（23）：113–115.

[29] 韩登峰 . 行政事业单位人力资源柔性管理应用研究 [J]. 上海企业，2023（6）：47–50.

[30] 郑玉恩 . 大数据时代事业单位人力资源管理改革研究 [J]. 知识经济，2023，644（16）：94–96.

[31] 张莉 . 新发展阶段事业单位人力资源管理的创新及其路径初探 [J]. 河北企业，2023（5）：131–133.

[32] 张孟瑶 . 事业单位人力资源管理创新思路探索 [J]. 品牌研究，2023（15）：25–28.

[33] 王浩男 . 人力资源管理在事业单位中的重要性及作用分析 [J]. 品牌研究，2023（29）：239–241.

[34] 余碧艺 . 信息化技术在事业单位人力资源管理中的应用与实现 [J]. 海峡科技与产业，2023，36（5）：69–72.

[35] 杜云淑 . 事业单位在人力资源培训开发管理中的困难与对策探析 [J]. 经济师，2024（9）：258–259，261.

[36] 殷宗震 . 如何提升事业单位人力资源管理效能 [J]. 大众投资指南，2021（17）：125–126.

[37] 毛莹莹 . 浅谈如何提升事业单位人力资源管理效能 [J]. 新金融世界，2021（11）：104–105.

[38] 高安友 . 如何提升事业单位人力资源管理效能 [J]. 消费导刊，2021（46）：73–74.

[39] 薛俊征 . 事业单位人力资源管理中的绩效考核与薪酬管理 [J]. 财讯，2023（22）：64–66.

[40] 谢焕丽 . 事业单位经济师人力资源管理中的绩效考核研究 [J]. 中国民商，2023（12）：229–230，239.